大展好書 好書大展

趣味心理講座 5

# 性格測驗⑤

## 讓你們吃驚

淺野八郎／著
李鈴秀／譯

大展出版社有限公司

# 讓你發現另一個自己的書——前　言

不用說，科學的發展，可豐富及便利我們的生活。不管什麼事，都可以用機械或電腦，予以快速處理。

因此，現在的我們，就可以在精神上過得更豐富、更滿足的生活了。但，現實中又如何呢？事實上，活在世上的我們，過著更複雜、更令人目眩，甚至連「心」都忘了的生活。

各位是不是不僅對他人，甚至連對自己的心都忘了呢？也許你自認你就是這樣的人，但事實果眞如此？他人對你的想法又如何呢？

很多事情就是如此，我們以為瞭解了，其實則不然，而對自己本身的性格就是如此。例如：我們總想過著更舒服、更快樂的生活，可是，有一天，不管是工作、遊樂、戀愛，突然地都變得不順利起來。例如：想要和一大票朋友見面，嘻嘻哈哈的過一天時，卻一個人也找不到，或無法和任何一個朋友溝通——。

老實說，人就是如此難以瞭解的生物。

可是，若能稍懂得些不可解的性格和心理，那麼，就算在學校或工作上遭遇各種各樣困難，或面臨很多麻煩的人際關係時，就能迎刃而解了。

本書，在讓你享受解題之樂的同時，也讓你能自心理學的立場，瞭解性格和心底的奧秘。

本書藉著向豐富而多變的測驗挑戰，讓你認為另一個的你，請好好享受既驚奇又刺激的本書。

# 目錄

前言──讓你發現另一個自己的書……三

第一章　靈通測驗
──讓人吃驚的未知能力

傷腦筋，這究竟是個什麼樣的圖形？……一三
請問被遮住的數字為何？……一七
〈應用問題１〉巴士翻覆了，怎麼辦？……二一
〈應用問題２〉哪一隻是運氣不好的田鼠？……二三
以超能力指出撲克牌……二四
白子和黑子，哪一方獲勝？……三〇

〈應用問題3〉白與黑的錯視……三四
迷宮是對頭腦的一種特殊訓練……三六
你知道這個地方是哪裡嗎？……四三
〈有用的研究〉●各種各樣不可能有的圖形……四七
下一個是什麼樣的圖形？……四八
比較一下兩人的身高……五二
意義不明的便條……五八
唉呀！那裡不對了……六四
〈有用的研究〉●照明把你變成別人！……六九
三次元圖形的奧妙……七〇
〈有用的研究〉●畫在平面上的不可思議之立體……七四

## 第二章　性測驗

——被意外的慾望嚇一跳

合適的字母……七七
溫存前？或溫存後？……八一
向插畫家挑戰……八四
奇怪的手槍……九一
你的他是否好色？……九五
〈動動腦　問題1〉向沒有路的路前進……一〇五
兩個裸體的長相如何？……一〇六
誘惑你的照片……一一〇

## 第三章　金錢觀測驗
——不可預期的將來！

密碼之謎……一一七
能不加思索答對的有多少？……一二一
薄情的男子們……一二六

你要吃多少錢的排骨飯？……一三一

## 第四章　行動力測驗
### ——對另一個自己怦然心動

你若要拍相親照片……一四一
你的剖面……一四五
最先注視的是什麼東西？……一四九
這四張圖畫在說明著什麼？……一五二
＜動動腦　問題2＞向踏石迷魂陣進攻……一五七
吃了一驚的男人……一五八
＜動動腦　問題3＞唉呀！那裡是正面呢？……一六二
畸零土地……一六三

## 第五章　深層心理測驗
### ——讓你驚訝的一顆心

筆跡測驗……一七一
〈應用問題4〉由「の字」的寫法來檢視你的心……一七六
跟你一模一樣的風景？……一八二
只能看它一眼……一八八
〈有用的研究〉●引人注意的神奇數字……一九三
藏私房錢的地方……一九四
根據對顏色的喜愛來判斷性格……二〇〇
〈動動腦　問題4〉向立體迷宮的字挑戰……二〇六
你的指甲屬於什麼型？……二〇七
指甲所顯示的身體健康……二一〇
〈動動腦問題1的解答〉Ⓒ的道路……二一三

## 性格測驗⑤　讓你們吃驚


〈動動腦問題2的解答〉……二一四
〈動動腦問題3的解答〉……二一五
〈動動腦問題4的解答〉……二一六

# 第一章　靈通測驗

## ——讓人吃驚的未知能力

處於瞬息萬變，讓人眼花撩亂的現代社會中——，你能迎合這個時代，不被潮流淹沒嗎？一個頭腦僵化，缺少奇想力和創造力的人，很難在這複雜的世上求得勝利的。

你的直覺力、推理力如何？頭腦保持柔軟不僵化嗎？讓我們來檢查看看你的靈通度。

## 問題

# 傷腦筋，這究竟是個什麼樣的圖形？

請儘量用簡單的字句向他人說明，下面的立體圖形，究竟是個什麼樣的圖形。

說明了它是個什麼樣的圖形後，請再仔細想想，你的說明是不是最淺顯易懂？

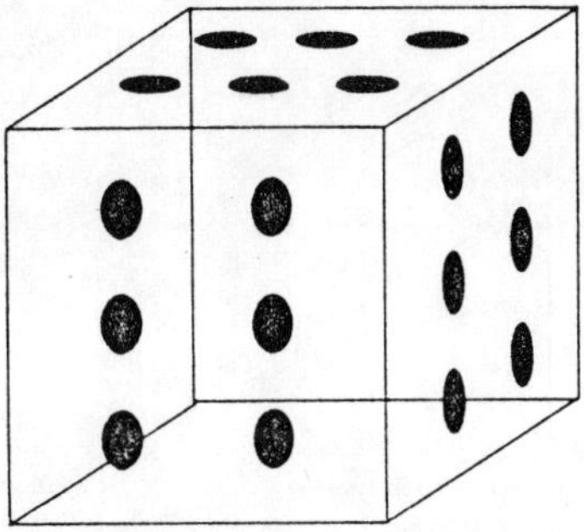

# 〔答案〕它並不只是骰子

〈診斷〉

**①以「全部的點數都是6的骰子」來說明的人**

屬於「魯莽型」。請詳細看看解說。

**②以「看起來是三個面，其實是六個面的骰子」來說明的人**

屬於稍稍慎重型之人，觀察力還算可以。

**③其他的人**

由於受骰子上所畫的點數之影響，使得圖形中★部分，看起來像是凸出的角，或相反的（如兩面牆壁和天花板的交點般）是凹進去的角。其實，這是個錯視圖形。能注意到此點的人，可說有極高的觀察力。

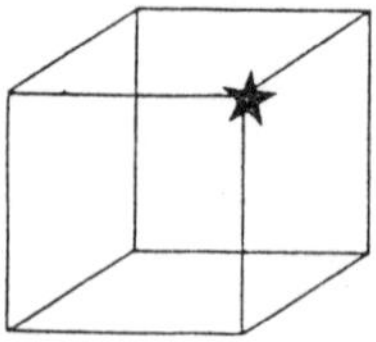

〈解說〉

大多數的人，大概都會做①的回答吧。然，此圖形並沒有任何保證，連裡側也都畫有「6」個點數。當然，這樣的可能性也並非沒有，但從所給與的條件來看，我們是無法下此斷言的。

平時，我們在所給與的條件不完全的情形下，會下意識地把不清楚的部分，加以想像（或加以單純化），而來理解它。

有的時候，你胡亂的認定，或會給你帶來些方便，但大多數的時候，是會為你招來意想不到的困擾。

例如：某個登門拜訪的推銷員對你說：

「只要連著吃三天這種健康食品，就可減肥十公斤哦！上個月的我，有現在的兩倍胖哩。」

右方的立方體，有★記號的角，如果看起來像凹陷在裏側，就是(1)，如果記號凸在前面的，就如(2)。

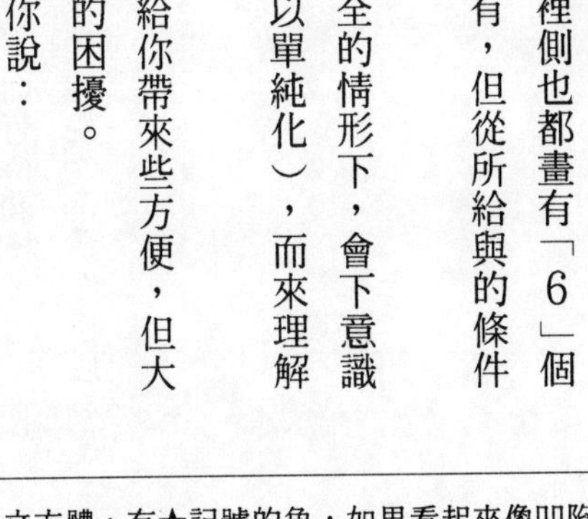

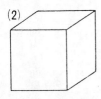

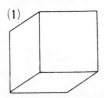

說罷，還拿出她發胖時候的照片給你看。

在此情況下，「有個以前很胖的推銷員要向我推銷健康食品」是真，但是，「吃了此健康食品就能減肥」一事，就未必是真，而有待商榷了。

所謂的「磨練觀察力」，就是要我們擺脫「常識性自以為是」的觀念之拘束，而自由自在的去觀察事物。

## 問題

# 請問被遮住的數字為何？

下面兩個算式中的□部分，應填入哪個數字？

請仔細想想。

時間限制一分鐘。

Ⓐ　18＋81＝□6

Ⓑ　6×6＝1□

## 〔答案〕稍微改變一下看法

乍見之下，不論塡入哪個數字，此算式都是不能成立的。你花再多的時間去鑽研它，也得不到正確答案的。

既然如此，你何不換個方式來答題呢？也就是，把此算式上下顚倒過來看看。結果，就變成：

Ⓐ9□＝18＋81

Ⓑ□1＝9×9

如此一來，不就能答出□的部分了嗎？也就是，Ⓐ的□應塡入6（倒過來就變成9），Ⓑ的□應塡入8。

此問題的關鍵所在是，所使用的數字，都是「可上下顚倒過來唸的」，只要你注意到這點，就可迎刃而解了。這個問題算是初級謎語中的初級，不過，你可答對了？

〈診斷〉

●能夠正確解答的人

你的頭腦很靈活，面對困難問題時，會從各個角度來觀察，所以，你的思考是呈多方面的，是極柔軟的。

你有很獨特的直覺力。而，在需要創意的工作中，你的奇想創見，會是你獲得成功的武器。

●不能夠正確解答的人

思考時，你是會流於單面、僵化的人。在工作方面，屬於腳踏實地、重視實績的類型。

此種類型的人，對於想法與自己不同的人，或自己無法理解的世界等，會採取膽怯、不寬容的態度。

因此，經常拓寬知識領域，從多方面來看待事物，是你應努力去做的事。

或許，有的人打從此測驗一開始，就表示沒興趣的態度。也有的人一看到數字，就想到數字，而露出為難的表情。

在測驗的一開始就表示拒絕的人，大半是討厭理科系的人。

## ＜應用問題1＞巴士翻覆了，怎麼辦？

國內的巴士上，多設有一個緊急門，唯，令人遺憾的是，若巴士失事翻落湖裡的話，那道緊急門可就一點都不管用了。

處於緊急狀態的乘客們，當時腦中的唯一念頭就是「趕快逃出巴士」，可是，如何操作緊急門，例如：「敲破玻璃，把手向下扭轉，再……」等的麻煩手續，卻一點也想不出來。

現在，你能為陷於緊急慌亂狀態的乘客，想出一個操作簡單的「非常緊急逃生裝置」嗎？

## 〈應用問題1的解答〉

模範解答只有一個，那就是，

「在車內眼能所及之處，放置一把鎚頭。」

……事實上，法國的巴士等就是如此做的。

這個設備是最能考慮到，處於緊急慌亂中的乘客之實際念頭。這時，乘客想的必是：「快逃出巴士」，「快從窗戶爬出去」、「快找個東西來打破窗子」。

因此，只要設身處地的為乘客當時的念頭著想的話，那麼，只消如此簡單的工具，就可達到最好的效果了。

不論看起來多複雜的問題，只要動動腦筋，換個觀點來看，就可以找出最單純的解決法。這裡所提出的問題，就是個典型例子。現在，請問你想到的好點子是……？

## 〈應用問題2〉哪一隻是運氣不好的田鼠？

這是檢測你的直覺力、判斷力的測驗。左邊6隻田鼠的上面，有六滴雨落下來。每滴雨都是朝箭頭的方向直直落下，若碰到牆壁，就會成直角的彎曲。其中，只有一隻田鼠會被雨淋到。請問是那一隻？（答案在三十五頁）

# 問題　以超能力指出撲克牌

左圖是超能力測驗中，經常所使用的卡片。

ＥＳＰ（Extra-sensory Perception＝超心理學）的研究始於一九三〇年代，這些超能力實驗用卡片，是美國公爵大學的萊恩博士所設計出來的。他請矇著眼睛的受測者，憑著靈感指出已顯示過的卡片。

在此，我稍加改變，做為測驗你的超能力之方法。

在本書的28頁，有5張與這兒的卡片相同，且做了適當順序排列的卡片。請先憑你的直覺力，直截了當的畫出其恰當順序。畫完之後，再翻到28頁，看看你猜中的程度。

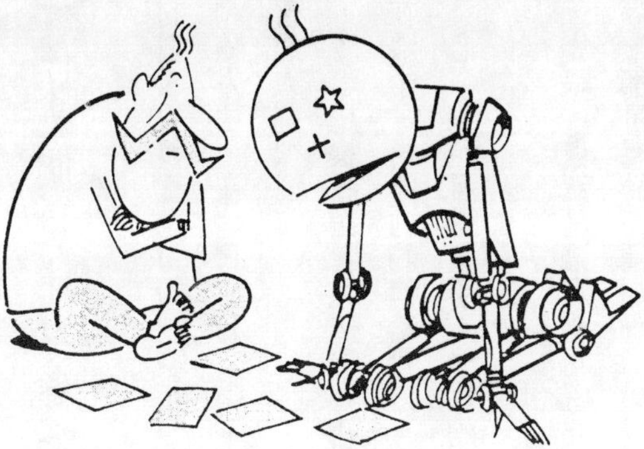

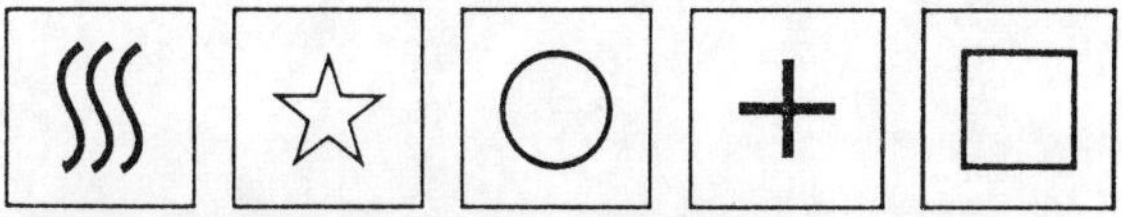

請憑你的直覺力，直截了當畫出
28頁卡片的排列順序為何？

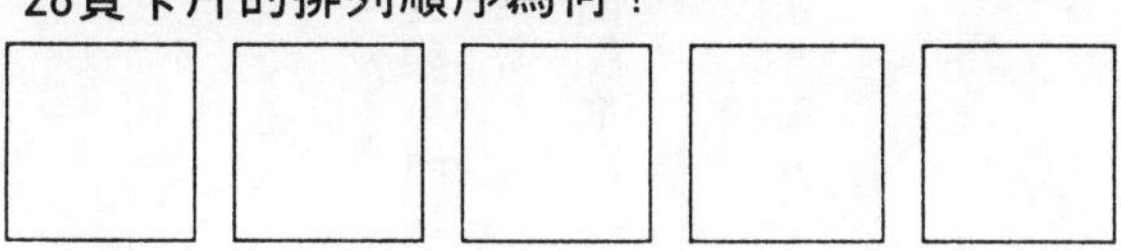

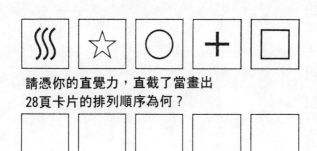

## 〔答案〕你是個超能力者嗎？

此為測知你的靈通力與直覺力的測驗。

這兒所用的測驗方法，在「ＥＳＰ」中，曾被從多種角度加以實驗。而具有透視力的人之命中率，比普通人高很多。

正式的測驗，多半是讓發送者和接受者站得很遠，然後，由發送者從5張卡片中選出一張，並把它記在腦中，再努力的傳給對方。

接受者則用「心」來看發送者手上卡片的圖案，並予以記錄下來。這就是所謂的超能力之測驗。

有關人的第三隻眼，也就是第六感的研究，一向都很受到科學家的重視。所謂的「預感」、「超感」等，都是屬於此種知覺。

此ＥＳＰ研究，在十九世紀的英國備受矚目。推理小說之祖，柯南•道爾，也是對超心理現象極感興趣的人之一。十九世紀末期，有一超心理研究協會以心理學家威廉·傑姆斯為中心，創設於紐約。

其中，前面提到的公爵大學萊恩博士，所設計出的超能力測驗及藉由卡片來診斷ＥＳＰ之能力，皆有被實驗的可能，而使得這方面的研究愈來愈活潑。

〈診斷〉

你的卡片猜中率如何呢？你具有超感直覺力嗎？

**●猜中三張以上的人**

能依序猜中三張以上的卡片者，具有敏銳的靈通及第六感。只要施以訓練，就可具有超能力的感覺。

只是，這樣的能力經過訓練後，有時會變得更強，有時則反而會變弱了。

現代人的生活，幾乎已全機械化、合理化，這使得原本具有超感能力的人，因此而逐漸變弱。有些人則是在生病或遭遇交通事故後，才有超能力。

你的超能力素質，多表現在創意、科學的發現、發明的領域上。也有人把此能力表現在詩和音樂的才能上。

**●猜中一～二張的人**

你屬於一般靈通型，超能力雖稱不上特強，但仍是頗有靈感。此種靈通對賭博或文學上的奇想，尤其管用。

又此種能力也會表現在，突然的心為之一動，或突然的看出人的念頭上。

平時，你對事物多持新鮮的看法，與普通人的感覺稍不同。

**●全都沒猜中的人**

**＜你是個超能力者嗎？＞**

24頁的答案

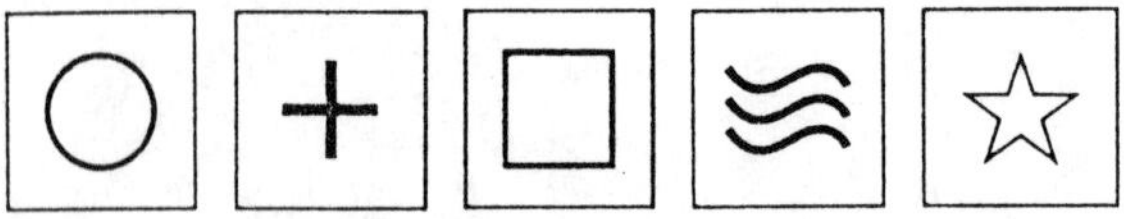

你就是所謂的，與超能力無緣的人。

你對占卜或超能力皆不感興趣，從生理上由衷的討厭「迷信」。你對任何事都抱持懷疑的態度，凡事只講求合理。

你是屬於三思而後行的類型，除非是你親眼目睹或親耳聽到，否則你不會心動，你可說是個極現實的人。

## 問題

白子和黑子，哪一方獲勝？

現在，白羊和黑羊已決出勝負了。
你已經知道是哪一方獲勝了嗎？
請看一眼後，馬上回答。

## 〔答案〕你是否上了看起來較膨脹的白色的當？

請仔細看看，其實，棋盤上黑、白子的數目是一樣的，即，各有32個，可是，持「白子較多」（白羊獲勝）想法的人必很多吧。

白圈圈和黑圈圈在同一面積時，以人的眼睛來說，白色看起來會較膨脹，黑色看起來則較收縮。「穿黑衣服看起來比較瘦」，應是誰都有過的經驗吧。

因此，以圍棋來說，如果我們特意把白子做小一點，黑子做大點，兩個看起來就會同般大。本測驗裡的黑、白子數目是一樣的，只因白色看起來較膨脹，所以才會易讓人認為白子較多。

不過，以黑、白子的數目一樣，就認定此局為「和局」的人，似乎太早下結論了。

其實，這是「五子棋」的勝負結果。各位請仔細看，有一個地方的黑子是五個斜斜成一排的。也就是說，黑羊贏了這場比賽。

〈診斷〉

**●認為白子贏的人**

單憑一眼的印象，就回答「白羊獲勝」的你，屬於易陷於常識上陷阱的魯莽型。就推理力的基本來說，你缺乏「確實性的觀察力」。

**●認為和局的人**

數過黑白子數目後回答「和局」的你，極富觀察力，屬於冷靜型。只是，你僅懂得「觀察」，而不會進一步的去運用創意。

**●認為黑子贏的人**

能看透問題之出題意圖的你，有著極佳的觀察力和洞察力，屬於推理力卓越超群型。

不過，你若單憑此測驗結果，就洋洋得意的認為：「沒錯，我是個推理天才。將來我可以開家私立偵探社」的話，未免言之過早，不過，現在你倒是可以對自己充滿信心。

此後就朝此方向好好努力吧。

## ＜應用問題3＞　白與黑的錯視

白與黑的對比，會讓人產生其他的種種錯覺。

下圖即著名的格子錯視圖形。在黑色正方形四邊的白色部分，你是否排列實際上並不存在的灰色點呢？

但，稍把眼睛離開正方形的位置，此一錯視馬上就會消失。或，你若在產生錯視的位置上，畫一小小的黑點（像圖的中央附近所示般），你的錯視就會馬上消失。

## ＜應用問題2的解答＞是第四號的田鼠

六滴直直落下的雨，若碰到牆壁會成直角的彎曲。像左圖般畫出直線來的話，左邊的第二滴雨，就會淋濕四號的田鼠。當然，你可以把所有的雨滴都用直線畫畫看，但是，你若能不畫線就做出正確解答的話，你的直覺力就太出色了。

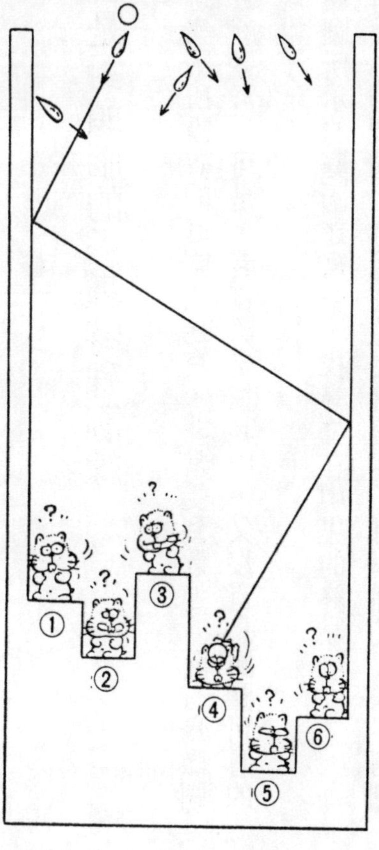

## 問題　迷宮是對頭腦的一種特殊訓練

最近，各地遊樂園所設置的庭園式迷宮，非常受到歡迎。若有鳥瞰圖的話，就很容易破解迷宮，可是，若實際走在其中，又沒有鳥瞰圖可看的話，就很難走到終點了。

現在，你在如圖所示的庭園迷宮中，找尋位在中央的終點。

接著，是要請教你的問題。你現在位於迷宮中的哪個地方？你的周遭，前後左右的風景就如下頁的諸圖所示。單憑這樣的線索要找出你的所在之處，是相當困難的，所以，你必須運用你的觀察力、推理力、思考力、甚至靈感……等等，來搞清楚你究竟在哪裡，然後在那位置上畫上★。

又，符合下頁之圖的地方有幾處呢？

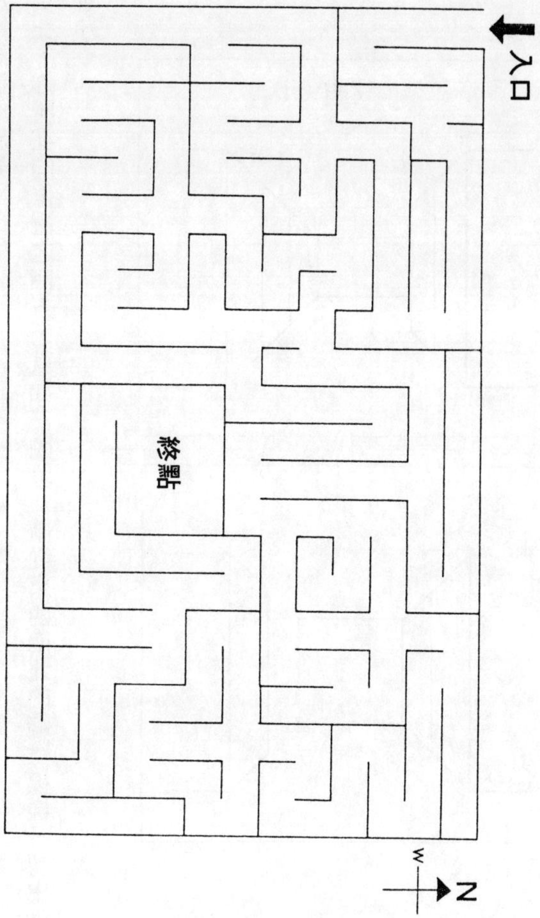
入口
終點
W
N

## 〈你周遭的風景〉

現在，你所在的位置之四方，就如左圖般。請從東西南北的牆壁模樣，認出你究竟在什麼地方。

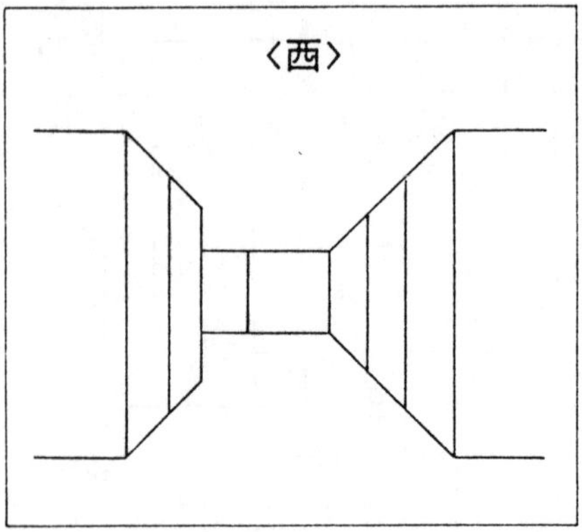


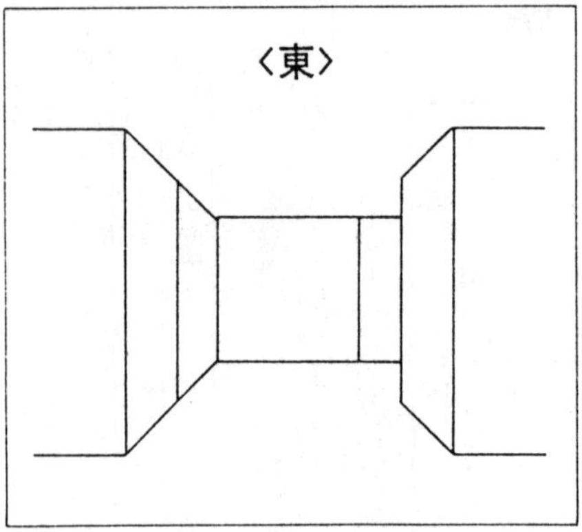

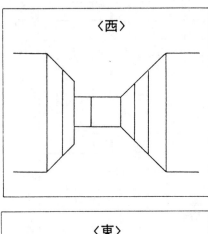

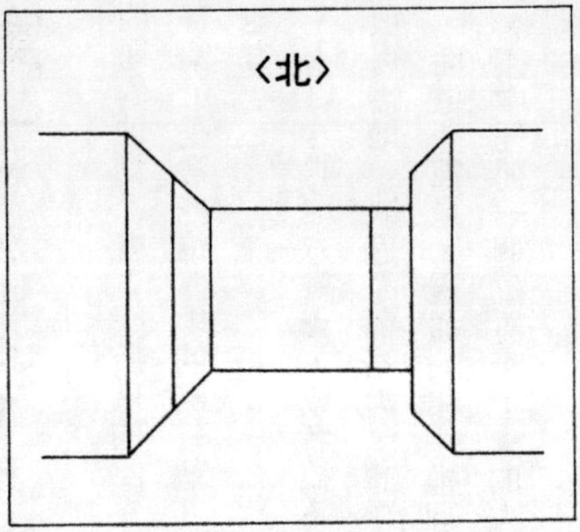
〈北〉

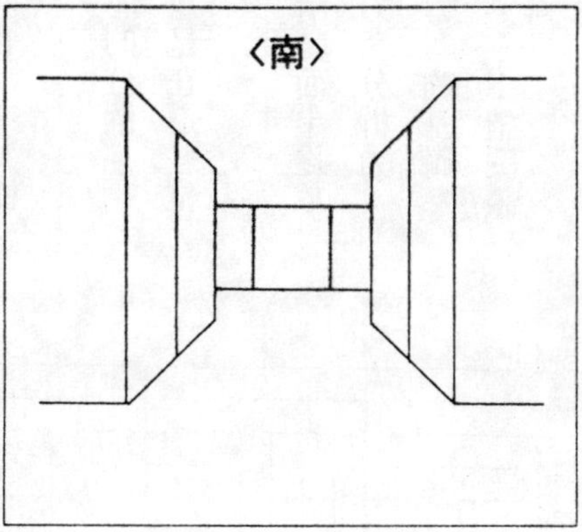
〈南〉

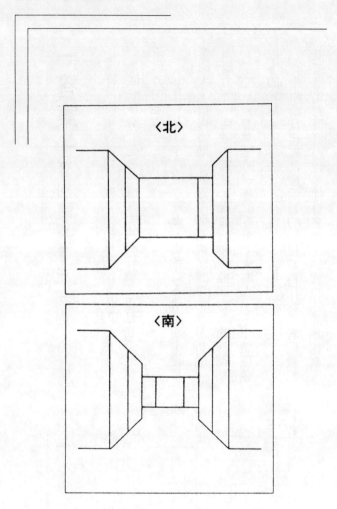

## 〔答案〕可別選擇了死胡同

符合問題的地點，有下圖所示的①～④的位置。

你的答案，是這些位置中的哪一個？還是在這些位置以外的地方？

在①～④以外的地方畫★，或者搞不清楚而半途放棄的人，很可惜地，缺乏了觀察力、想像力、分析力，與耐力等，而這些都是「靈通」和「推理力」的基礎。

在①～④中任何一個位置畫上★的人，……請閱讀以下的診斷。

此問題看起來是蠻困難的。但若再仔細看看前頁的東西南北的周遭圖時，你會發覺，其實也不怎麽困難。

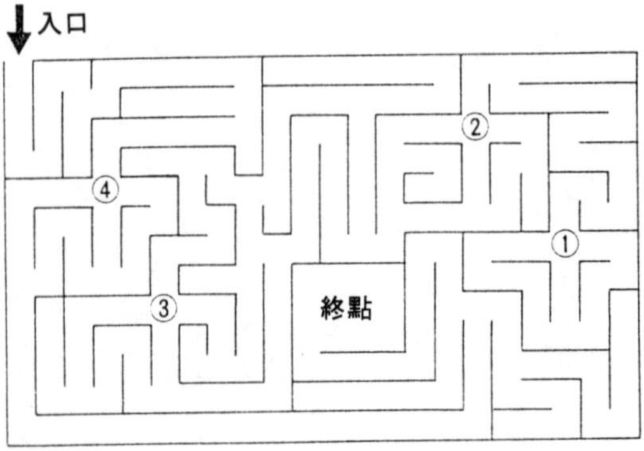

從這些圖可知，你要找的是如左圖般地形的地方。

亦即，北邊只能往右走，南邊是可向右也可向左走。東側只能向右走，西側只能向左走。你只要選擇這樣的地點就可以了。

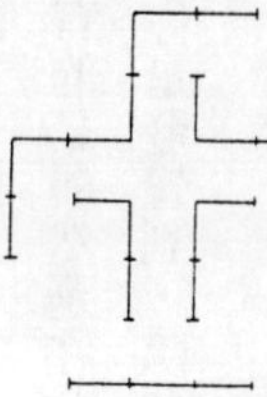

**〈診斷〉**

**在①、②、③任何一處畫上★的人**

只要看了鳥瞰圖和周圍的風景，就可知道此三個地方是符合條件的，但再看明白點，就會發現這三處，不論是與入口這邊，或與終點都是不相接連的死路。

由這點看來，選擇此三處的人，實有「受出題者的意圖欺騙」的意味。這就好比「手中擁有充分線索的偵探，但是，由這些線索所導致的結論，往往就是犯人所要設下的陷阱」一般。

選擇這些地方的你，雖充分具有努力去分析事物的觀察力，但往往因過於拘執小處，而缺乏綜觀大局的看法，所以，你所下的目標，往往不能確實地達成。

**在④上畫★的人**

也許有的是偶然選在此處的。對這種人，我們除了說「運氣好」外，別無診斷。

如果你是發覺到，除此處外，①、②、③的位置都是死路的話，那麼，你真是個腦筋靈活的人。

## 問題

# 你知道這個地方是哪裡嗎？

這是一對新婚夫婦，到歐洲度蜜月時拍下的照片。露出幸福微笑的新娘子所站之處，究竟是哪裡呢？

## 〔答案〕你很容易受騙嗎？

正確答案是：「不知道」。因為，其背景根本就是現實中不可能有的風景。

請仔細看看新娘背後橋柱的底部。這是所謂的「騙人畫」，實際上根本不可能有這種橋。

因此，「我不知道這是什麼地方」就是正確答案，而，有更進一步創意的人，則會有「這根本不是現實風景，新娘背後的風景可能是某人畫的畫，也就是說，他們可能是在美術館裡拍下這張照片」等，如此般的看法。

回答「在羅馬的水道橋前」的人，實在是很容易受騙的人。

**〈診斷〉**

此問題，是要測知你是否是個容易受騙的人。

## ①回答此地點是「羅馬的水道橋前」的人

一看照片，就單純地認為是羅馬的水道橋前的人，是個非常容易受騙的人，也是個易受先入為主觀念支配的人。

這種人只看到事物的某一點，就會以先入為主的觀念來想像此事物。

例如：當他排列橋的風景像羅馬的風景時，就會認定此張照片是在羅馬拍的，而這就是知覺上的盲點。

首先，這種人根本就沒有發現，此座橋不可能是現實所會有的。

再者，就算現實中有這樣的橋，也不見得此座水道橋，一定是在羅馬。法國也有類似這樣的橋，這樣的風景。羅馬帝國時代，歐洲的好多地方都建造了類似這樣的橋。

受到先入為主的觀念、固定觀念的拘束，無法從另一個

角度看待事物的人，可說是靈通甚弱的人。

**②注意到橋的外形很奇怪，而認為「現實不可能有的風景」的人**

能夠注意到這幅圖本身有問題的人，是個蠻有注意力不會自以為是地看待事物，而是會從別個角度來看的人。

這種人也是能把事物做合理思考的人。

**③認為很像羅馬的水道橋，卻因不能確定而回答「不知道」的人**

這種人不會受先入為主的觀念左右，能冷靜的看待事物。屬於凡事都會以分析的角度來思考問題的類型。

不過，無法發現這幅圖怪怪的人，可說注意力頗為散漫。

**④回答背後的風景是幅畫，地點是「美術館裡」的人**

此種人除發現這幅圖的怪異外，更進一步地，有其獨特的見解，可說是個注意力極佳、創見力極棒的人。他們不會受先入為主的觀念左右，會從各個角度來看待事物。

但是，此種人的性格多少有點怪癖，不好相處。

## ＜有用的研究＞

### ●各種各樣不可能有的圖形

下面的圖形，是不可能有的圖形之代表作。①和前頁問題的橋一樣，圓柱的根部有點奇怪。②的三角形中的一角是扭轉的。③是著名的艾夏所製的像樓梯般的圖。人的視覺，有時是極不正確的，所以，才會發生這一類的錯視。

(1)

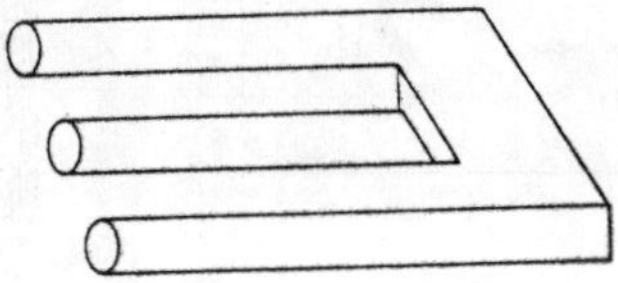

(2)

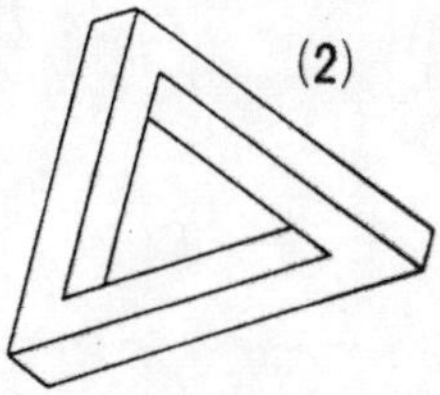

(3)

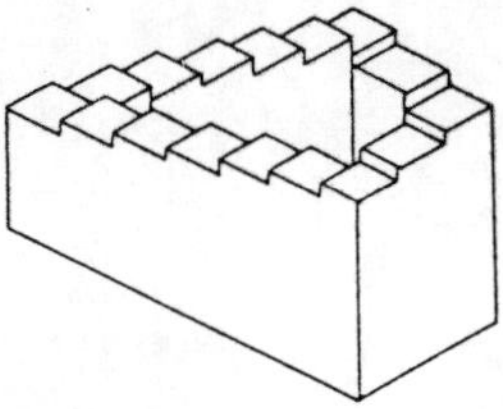

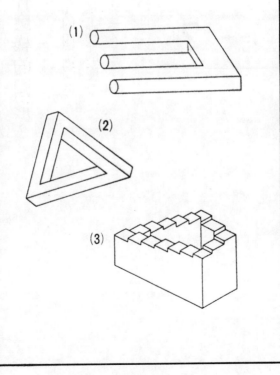

## 問題

### 下一個是什麼樣的圖形？

左邊是循著規則而變化的四排圖形。各排的第五個圖形應是怎樣的呢？請在正解欄中，選擇其一。

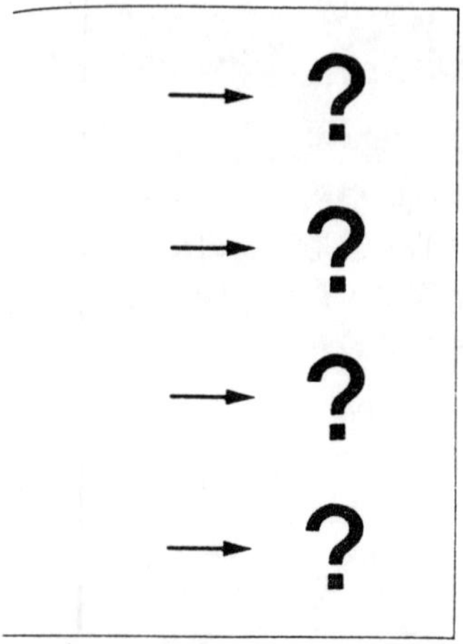

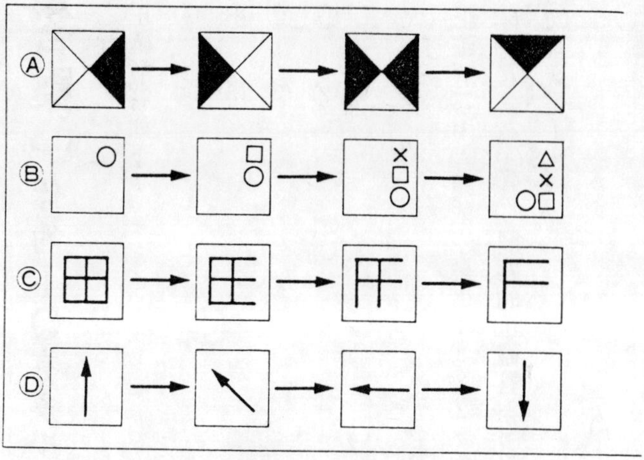


〈正解〉

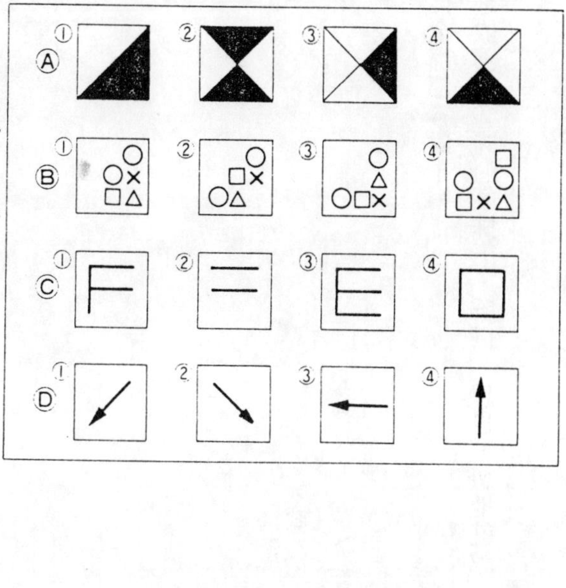

## 〔答案〕你的ＩＱ有多少？

正確解答如下：

Ⓐ──④

Ⓑ──③

Ⓒ──②

Ⓓ──②

〈診斷〉

正確解答由Ⓐ題依序是：④③②②。你全部都答對了嗎？

有的人認為ⒶⒷⒸ問題的正確答案，是依④③②的順序排下，所以，想也不想地就認為Ⓓ的答案是①。

這種人可說是注意力不嚴謹的人。

當所面臨的問題之法則性不是很清楚時，一味地期待此問題呈現法則性，是很危險的事。

此問題，是藉由圖形來確定人的邏輯性思考方法的測驗。這也是在智能測驗中經常出現的問題，它是得知人的智能如何的一個方法。

**①全部都答對的人**

把出題的圖形之法則性弄得很清楚的你，可說是個具有邏輯性思考方法，且具有以分析角度看清事物能力的人。

你的靈通度極佳。

**②答對二、三題**

或許你是胡亂猜，或偶然答對。不管怎樣，若再集中你的注意力，就應能全部答對。

**③全部都答錯的人**

這是缺乏邏輯性思考和分析力的人。此種人，也許連小學生的智力測驗都答不出來。多加訓練集中力和分析力是極必要的。

## 問題　比較一下兩人的身高

此處站有兩位男子。兩人的身高，看起來完全一樣，實際上，A比較高。請你在兩人的周遭加一點背景，讓人明確的感覺到「A是比較高的」。

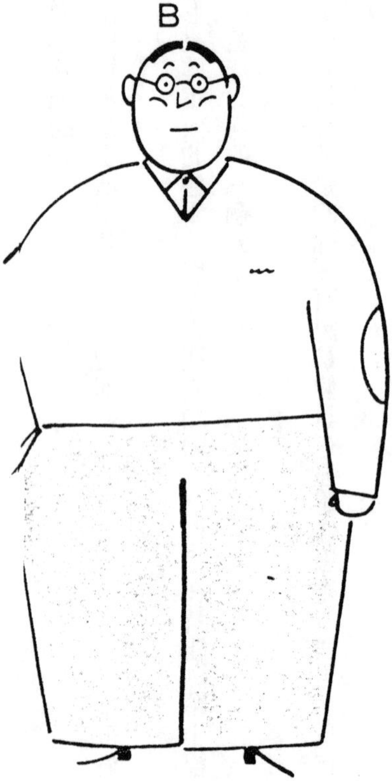

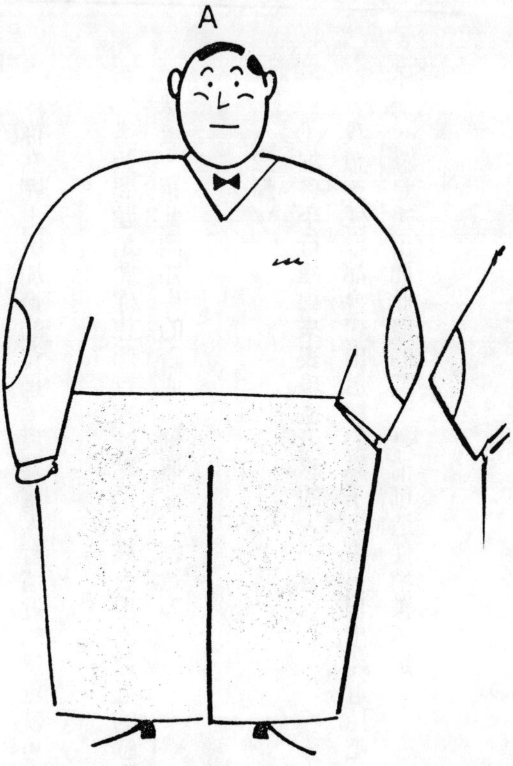
A

# 〔答案〕

## 你是否注意到遠近的感覺

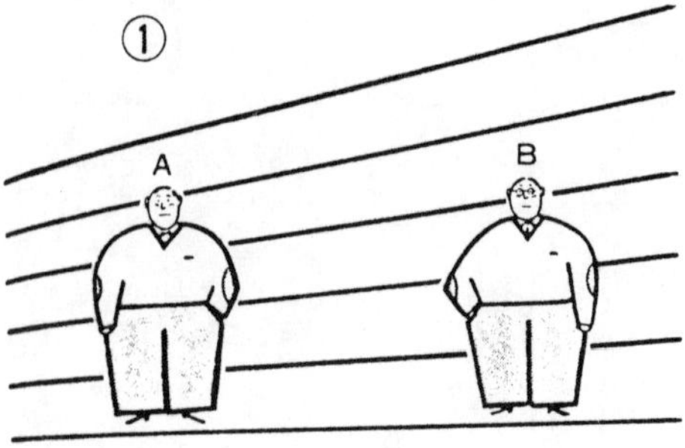


你在圖上所加畫的背景，只要讓人有遠近的感覺就可以了。

這個問題是要你想個有趣的點子，來表現出遠近的感覺，然後，藉此測知你的靈通、創造性、創意等。

〈診斷〉

①加畫平行橫線來表現遠近感的人

我想，任誰都會想出這樣的點子，來表現出遠近感吧。不過，僅是畫出如此般的圖，恐怕創造性稍嫌不足。

**②加畫鐵軌線的人**

如此般地，以鐵軌線表現出遠近感，就能強調兩人的身高差異。

能夠想出此種方法的人，相當靈活。

**加畫如③④⑤圖般背景的人**

有此創意，畫出此些背景的人，恐怕是難得一見吧。這種人一定是極富創造性，點子多多的人。

畫出如此的背景，更能明確的強調此兩人身高的差別了。

④

就如這兒所列舉的兩個男性的身高般，把同樣大小的東西，賦與遠近差別的話，位於較遠的東西看起來就愈大。這就是遠近法則。

若是沒有遠近之差，也沒有距離之差的感覺的話，兩個就會看起來是同樣大小。

就如④圖般，把一人擺在房子附近，另一人放在山丘上，就能叫人看出此兩人的大小差別。

這也是在童話中等，讓巨人看起來非常之大，所要的一種花招。

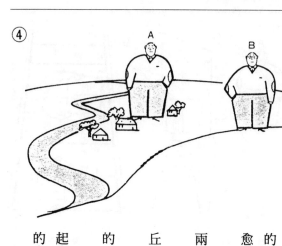

例如，把房子畫在一個人的手上，如此，這個人看起來就非常的巨大了。因為，人都有「房子是非常大」的先入為主的觀念。

亦即，因比較對象的不同，人對大小的感覺也會為

⑤

之錯亂。

童話加里伯旅行記中所畫的圖，就是很好的例子。

畫出這些具有意外性的奇妙之畫者，是比利時的法蘭德爾派畫家，彼得・布魯格爾。

大家應知道，他的版畫因具有意外性和奇妙性，所以備受矚目。

他的畫總是以不可能有的東西為主題，因此，具有令人驚奇的效果。他的版畫可說相當有創造性。

現在，讓我們來看看，你究竟有多少創造性。

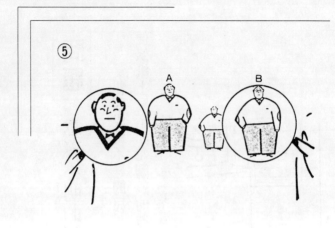

## 問題　意義不明的便條

父親問成績不好的兒子：「這次的期末考成績如何？」於是，兒子在便條紙上寫下如左圖般的數字，交給父親。

「13，1，12，1」，這究竟是什麼意思呢？

13,1,12,1

# 〔答案〕人類知覺上的曖昧

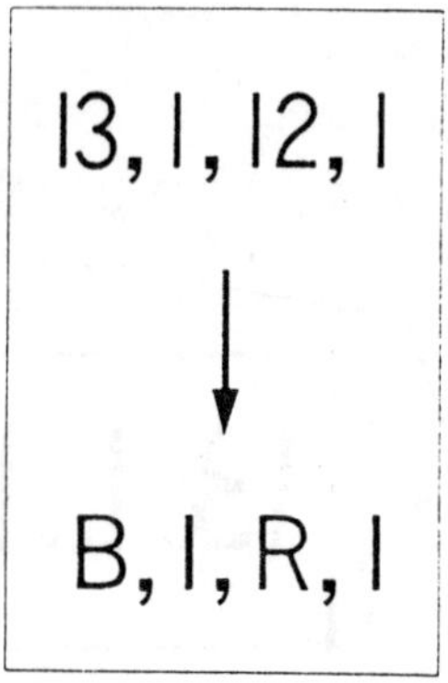


如上所示，他寫的就是「BIRI」。

如果我們把便條紙上的字，當成印刷字來看的話，就無法解答此問題了。但是，把便條紙上潦草的數字多看幾次的人，定會發現「啊！原來如此！」

你如果以「逗點」做一區分，把各個數字當做字母來唸的話，就會得知是「B，I，R，I，」。這位父親還以為他寫的是數字哩。

〈診斷〉

老實說，人的知覺很容易受周遭事物之左右。當數字和字母並排時，我們就往往會從並排的連續性上來做想像。

例如：

134567

右邊的並排文字中，你可能會認為下面畫有橫線的文字，是數字1和3。

反之，若是這樣寫的話，你就會把下面畫線的文字，當成是英文字母B了。

人，具有依前後事物來加以類推的習慣。此種錯覺，我們在日常生活中常會經驗到的。而，最擅於利用此種錯覺的，就是魔術了。

為防止因錯覺而讀錯了，最好的方法就是在字間加逗點「，」或者是，破折號「——」。因此，我們一定要非常重視逗點和破折號。

**①能夠解答問題的人**

你是個不會囫圇吞棗地接受事情的人，你會懷疑，且加以慎重檢討。不論是推理力、靈通度，你都相當地出色。

**②不能解答問題的人**

你是個凡事都囫圇吞棗地加以接受的人，你具有順從的性格，唯，慎重度和推理力都嫌不足。

看待事物時，你常會受制於固定觀念，而幾乎沒有靈通能力。

## 問題

### 唉呀！那裡不對了……

仔細看看左邊的各圖，總覺得它們似有不足之處，請找出各不足的東西。

①

②

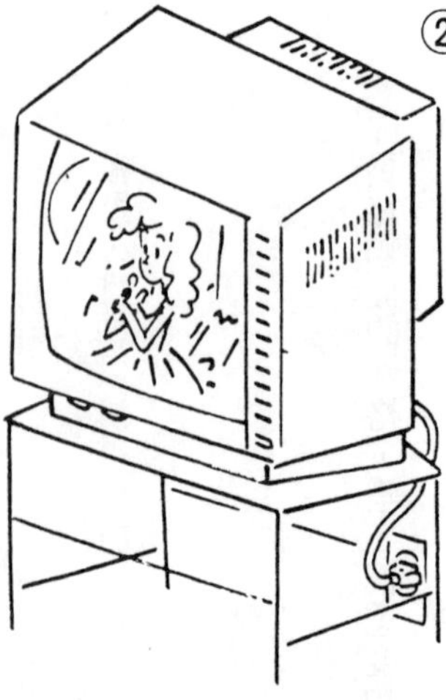

④

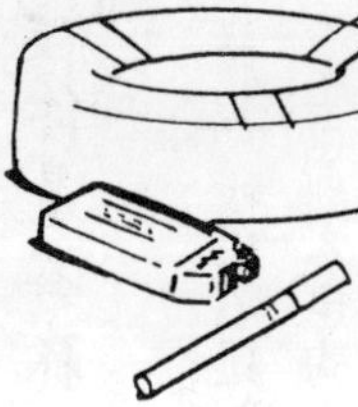

③

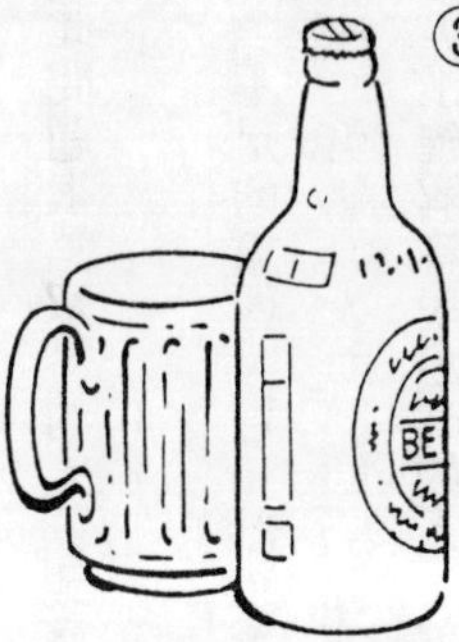

⑤

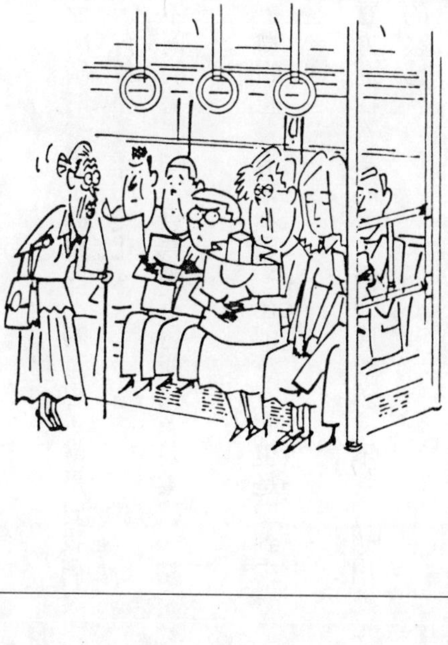

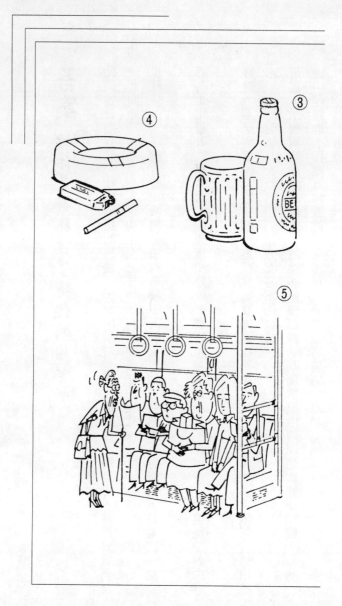

## 〔答案〕你是否抓住了時代的趨勢

此問題是要我們「找出不足的東西」，而所謂的「不足的東西」的意思，就是要我們在解決此問題時，注意到不足的東西之種類，有各種各樣的變化。

也就是說，在解答時，我們必須有各種不同的著眼點，且觀點不可僵化，要柔軟一點。

認為此問題很難解答的人，觀察和分析事物的能力稍嫌不足，在創意方面也是受到拘束的。

針對「不足的東西」這句話，意圖從物質方面找答案的人，靈通度較弱。不具有想出「意志」、「勇氣」、「體貼」等方面答案的靈感。

反之，正確解答率愈高的人，就愈能正確把握「某種情況中的理想狀態是什麽？」然後，從中仔細地去探察其細微部分。這種人屬於思考能力「卓越」的人。

此種人也是能把握「時代趨勢」的人。而這也是老闆型人物、主管型人物所應具備的條件。

〈診斷〉

有關不足的東西之正確解答的診斷如下。

①**聽筒的電線**

這是個非常簡單且容易明白的問題。答不出此題的人，注意力相當不足。

②**遙控器**

此問題的正確解答率，大人還沒有小孩子來的高。最近的電視，幾乎都需具備這樣的一個配件才能操作，否則就很難操作。

常有一句話說：「便利就等於不便。」這句話用在電視的遙控器上頗恰當。因為，如果沒有遙控器，想操作電視就

成了難事。所以，遙控器雖很方便，但缺了它，就會造成某些的不便。

如此說來，不能正確解答的你，是個受舊式價值觀和常識所拘束的人。

能夠正確解答的人，可說是能對時代趨勢有敏感反應的人。

**③開罐器**

也許有很多人會回答「下酒菜」，可是，若無法打開啤酒瓶蓋，有下酒菜也沒用啊！

不能正確解答的人，是個對事物的看法，往往會陷於情緒性或直覺性的人。能正確解答的人，對事物的看法則是屬於分析型的。

**④禁煙的意志**

能正確解答的人，可說是個思索家及具備適度幽默的人。「這種答案簡直是在騙人」，如此認為的人，必是個老頑固。

**⑤「體諒」、「勇氣」等等**

如果你是從精神方面尋求解答的話，就表示你對人際關係有極大的興趣。不能正確解答的人，屬於對「人」本身，沒有太大興趣去觀察和理解的人。

## ＜有用的研究＞

### ●照明把你變成別人！

在給他人的第一印象中，擔任最重要的角色，就是「眼睛」，現在，就讓我們來談談此問題。大公司裡，負責新進人員考試的主考官，必須在看到應徵者的第一眼時，就判斷出此人是否符合公司的需要。

一般說來，主考官面試時，最注意的就是應徵者的眼睛。

此外，臉的位置，對第一印象也有很大的影響。譬如，臉部和照明位置的關係是非常重要的，由於照明角度的不同，一個人的面貌會看起來宛如別人般。如果照明是擺在臉部下方的話，被照的人就會顯出陰險、嚴肅的表情。反之，照明從臉部往下照，被照的人就會顯出溫和的表情。

一個必須要經常與人見面商談事情的人，例如：推銷員，就一定要了解臉部與照明關係的奇妙之處，否則必會蒙受大損失。另外，與女性到餐廳或咖啡廳約會時，有時也會因所坐的位置，而讓她起厭惡之感哩。

由於投射在臉部照明的位置之不同，印象也會整個為之改變。鼻子以上的臉部部分，給人較理性的印象，以下的部分，則給人活力很強、較動物性本能的感覺。強調臉部上部，易給人有智慧的印象，強調下部則易給人沒有人情味的印象。

## 問題

### 三次元圖形的奧妙

左頁的圖形，實際上可以做得成嗎？

工匠說：「太簡單了，做得成！做得成！」

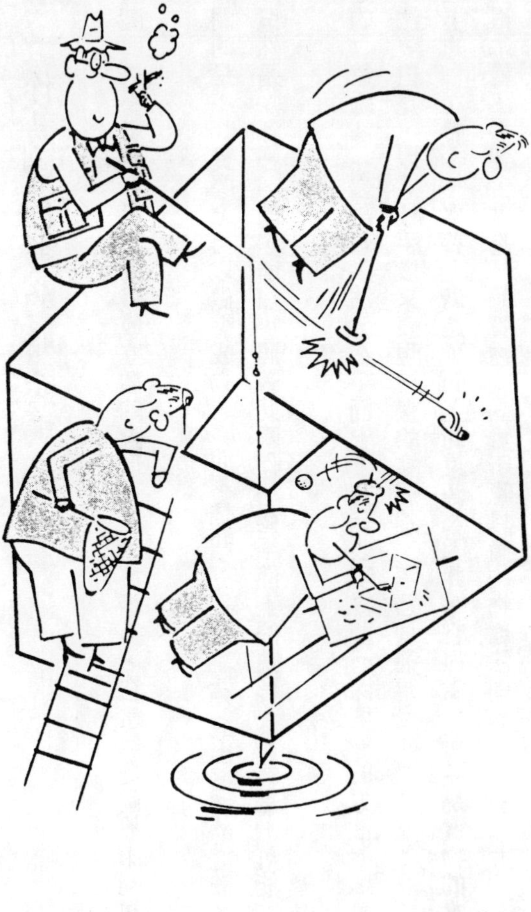

## 〔答案〕你易受圖形的暗示嗎？

問題中的圖，一看就知，是想要畫成立體的圖形，然，實際上，它當然是個被印刷在紙上的平面圖。

問題所要問的是：「實際上可以做得成嗎？」而不是問：「是否能夠造出這樣的立體？」前頁的圖形既然是「存在」的，所以，照著此圖作一個平面上的圖形，當然是「可能」的事。

前面所述的「遠近法」之繪畫手法，在平面上，乃是表現立體（深度）的方法。這是一個便利的方法，但是，以此種手段來表現繪畫的立體感，不過是種錯覺。

畫在平面上的「立體」，事實上仍是平面上的東西，因此，它根本不可能是實物的立體。所以，它根本就不需要，做為一個實物的立體所應具備的物理法則。

例如，畫家M・C・艾夏就非常擅於利用此種平面繪畫的性質，畫出在現實中不可能有的光景，例如：水永遠不斷流下來的光景等。

他所畫的許多不可思議的光景，確實不能稱之為立體，但是，他所畫的圖本身，卻是實際存在的。

〈診斷〉

**●答可能的人**

此種人不受常識拘泥，具有冷靜的觀察力和活潑的創意。

**●答不可能的人**

這種人有著易受常識侷限，易受暗示的一面。但是，他不會不加思索地接受他人所說的話，或傳遞他人所說的話，他會「親自看過事物之後再做判斷」。

## <有用的研究>

### ●畫在平面上的不可思議之立體

下面所畫的⑴、⑵圖形，和前頁的問題同樣，是利用「遠近法」在平面上畫出立體。不論是⑴或⑵圖，都缺了一部分。但是，你若把本書倒過來看，缺的部分就會變成凸上來，而原本凸上來的部分反會凹下去。

(1)

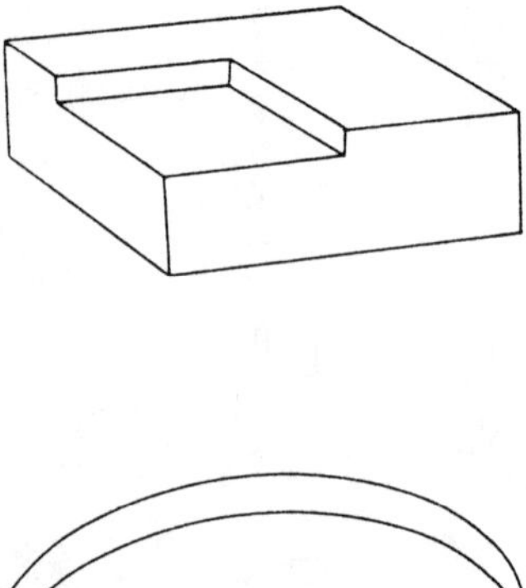

(2)

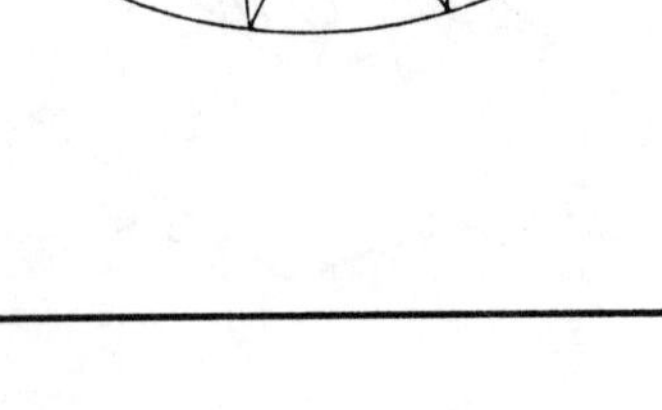

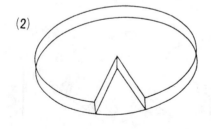

# 第二章　性測驗

## ——被意外的慾望嚇一跳

街頭巷尾，到處充斥著性產業和性資訊，在新恐怖「愛滋病」蔓延的現在——，人們對於與性有關的意識，開始起了種種變化。有的人極端的厭惡「性」，有的人則是對性燃燒著異常的慾望。在你的內心深處，對性的慾望，及對性的心理是如何呢？你對愛人有什麼樣的期待？這是直剖你內心奧秘的一章。今夜你想在床上試試嗎……？

# 問題　合適的字母

請在各個（　）內填入適當的文字，使它成為一個單字或成語。

另外，寫入（　）內的文字數字是自由的。

①（　）體

②（　）女

③保（　）

④陰（　）

⑤（　）館

# 〔答案〕檢查你的好色程度

各位可能已經發覺到，如果你是以與男女的性有關的語詞為範圍來想的話，就很容易解答此問題。

換句話說，如果你的回答是：①「裸體」、②「處女」、③「保險套」、④「陰莖」、⑤「賓館」，那麽，你的腦中可能已營造出一連串的故事。

可是，如果你的回答是：①「生命共同體」、②「淑女」、③「保險公司」……，即，儘量「不涉及性的語詞」的字，也是有可能的。

現在，你可以檢查看看，你所填入的字，與「性」有多大的牽連。如果你全都空著，沒有回答的話，與性的關連當然就是「0」了。由你所答的數目，可知道你對「性」的關心度和「性觀念」。

〈診斷〉

●填入的5個字都是與「性」有關的人

姑且不論這是好或壞，總之，你是個肯老實去面對「性」的人，即使你在性方面有所慾求不滿，你也會輕易地予以排解。

只是，你千萬別把自己對性的價值觀，向他人強迫推銷。

●有3～4個字與「性」有關的人

在「對性的關心度」這一方面，你是很正常的。你甚至可說是個觀念開放的人。對異性，你很溫柔也很體諒。就社會層面來說，你絕不是個離經叛道的人。

●只有1～2個字與「性」有關的人

你對性的關心度偏低，亦或，你在下意識中會限制自己的性衝動。

如果你是已婚者，你的配偶對你不滿的可能性很高，你得注意。

**●所有的字與「性」都無關的人**

如果你是未滿十二歲就另當別論，如果不是，你有意去壓抑自己內在性衝動的傾向非常強烈。你受著「性＝不健全」，或「性＝應該隱藏的東西」之想法拘束，結果反而會使得自己的精神生活，變得不健全。

如果此受壓抑的性衝動，突然轉向不妙的方向去的話，你整個人生就完了。

不過，也有不少的人，如：德國文豪哥德，把所受的壓抑的精力，轉向藝術活動或工作方面，讓其昇華，而獲得極大的成功。

# 問題　溫存前？或溫存後？

床上橫躺著一位男性。身旁站著個裸體女性。圖中的兩人，現在是處於怎樣的狀態呢？

⑴等一下她就要跟這男子上床。
⑵兩人剛做完愛。
⑶兩人正要一起洗澡。
⑷電話鈴響了，正要起來接聽。

## 〔答案〕你有沒有注意到此男子正在抽煙？

由你如何看此幅圖，就可知道你的性經驗是否豐富。

這兩人，看起來像是將要在床上雲雨一番，看起來也像剛辦完事。但是，性經驗豐富的人，看了這幅圖，就會直覺地聯想到「已經辦好那檔子事了」。

因為，女性的頭髮有點散亂，眼睛和嘴巴都呈現疲勞與滿足感。而，躺在床上的男性正在抽著香煙。

——這一切，與其說是性行為前的動作，不如說是結束後所表現出的動作。

天才畫家，都非常擅於如此般的畫出男女的心理。

其中最有名的就是歌野的「裸婦畫」，他畫了兩張做同樣姿勢的畫，一幅是穿著衣服，另一幅則是裸體。而裸體的這幅畫，就把性行為完畢後的心理，呈現在婦女的臉上。

〈診斷〉

**回答⑴就要上床，或⑷起床接電話的人**

做此回答的人，不管男女性，對性都不很關心。同時，這也不是曾與複數異性有過性經驗的人之反應。

作答者如果沒有注意到，男性處於抽煙的狀態，女性的頭髮零亂，露出滿足的表情，說其觀察力不佳，倒不如說是性經驗太少之故。

**回答⑶正要去洗澡的人**

做此回答的人，或許和特定的異性在交往著，然卻沒有與複數的異性有過性經驗。這種人在不知不覺中，表現出想要清潔，想要去除污穢，比性行為還要優先的意識。

**回答⑵性行為完畢的人**

你有豐富的性經驗，若是女性，是個充分理解男性的人，若是男性，則是充分理解女性的人。

看到男性正在抽煙的圖，就知道是做完愛的人，對性尤其是敏感的。

## 問題　向插畫家挑戰

左邊的圖形，看起來究竟像什麼呢？你可以隨自己的喜好來完成它，使其成為更具體的圖畫。

呃？你說你實在不會畫……？請不要這樣說，請隨心所欲，愛怎麼畫就怎麼畫，塗鴨也可以，高興就好。

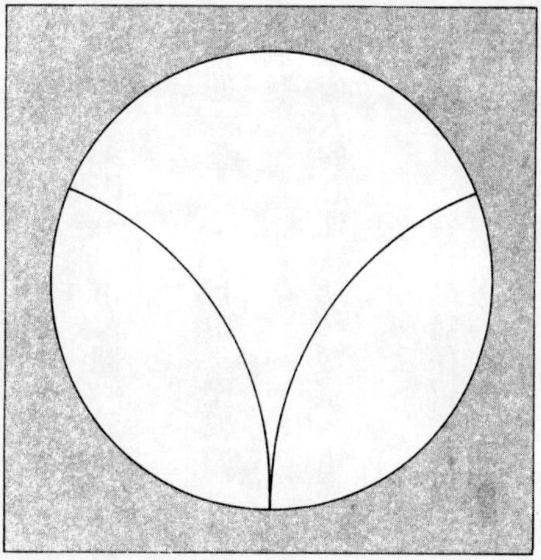

## 〔答案〕塗鴨之中所顯示出的願望

一般說來，圓是人最喜愛的圖形。因為，由「圓」易讓人聯想到「愛」、「體諒」等等的詞句。

這是一個讓你在畫有抽象畫的「圓」上，自由「塗鴨」，然後，從「性的願望度」這一方面，檢測你的內心深處之測驗。

在「塗鴨」時，很易顯出一個人的心理狀態和願望。由於是塗鴨，所以你會隨意自由的畫。

有時候，深藏塗鴨者內心深處的事，就會毫無保留的暴露出來，對他人來說，可能是個沒法忍受的強烈刺激。

最典型的就是「廁所塗鴨」。廁所塗鴨的內容多半與性有關。就心理學的立場來看，是非常有趣的現象。

例如，「上課時，老是在課本上塗鴨的小孩」，以一般的常識來看，這孩子實在給人很不好的印象。可是，愈是這種孩子，將來（尤其是從事需創造性的工作）獲得極大成功的機會愈大。

當然，在公共場所塗鴨並不是件值得鼓勵的事，可是，以培養豐富的創造性、柔軟的奇想之尺度來說，「隨便塗鴨」並不是壞事。

喜愛塗鴨的人，總會給人一種個性怪異的感覺，可是，據調查，喜歡在紐約地下鐵塗鴨的人中，有很多是獨創性意外高的人。而且，在各種工作上，都是活躍在第一線的人。

為了抓住他人的注意力，或他人的心，而特意做出具獨特性塗鴨的人，在其他方面也必是個具有個性，有奇發構想、有現代感的人。你的構想是不是也很有獨創性？

＜診斷＞

**●由「畫些什麼」來診斷**

就本測驗來看，從因人而有千差萬別的「塗鴨」內容中，就可直接的表現出一個人對

○＝性願望強烈。
△＝對人際關係的興趣。
×＝無關心、不成熟、有逃避的意識。

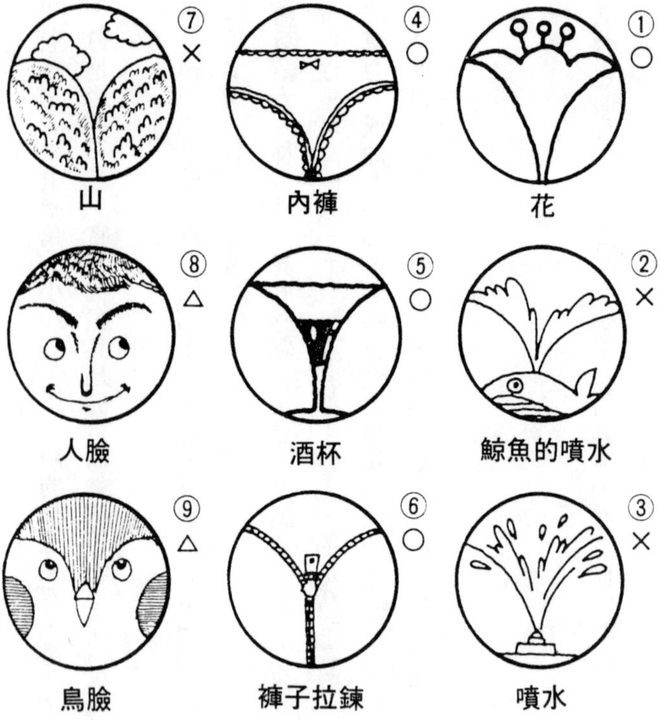

性，或對人的興趣程度和成熟度。

例如：畫的是如圖④、⑥般的女性下半身的人，當然就是個「對性願望很強的人」。圖①的「花」，⑤的「酒杯」等，也是與「性」或「愛」等言語有密切關係的，而做此畫的人，間接地也表現出對性有很強烈的願望。

如⑧⑨般，畫的是人以外的動物「面貌」的人，對一般的人際關係有強烈的興趣（或者在人際關係上，現在正受到一些困擾）。

如②③般的「噴水」，⑦的「山」等，即，畫的是生物以外的東西的人，在性方面處於稍不成熟的狀態，或者是有意去避開它。

**●從「究竟怎樣畫」來診斷**

現在讓我們來看看塗鴨的「畫風」。

你的畫，是由單純的線條所構成，還是，以細密的筆觸畫成的？

若是以單純的數條線條畫成的你，性格就和你畫時的筆觸同樣，大方且不受事物拘執。

在性方面，也反映了你是屬於大方、豪爽、喜歡激烈的類型。不過，你稍嫌只注意自己的享樂。

所以，對另一半應較體貼點，且別忘了你的服務精神。

如果你的筆觸是細密的話，表示你有受事物侷限的感覺，屬於藝術家的類型。

在性方面，你會很在意地去營造氣氛，很傾向於完美主義，如果你無法在這方面獲得滿足，就會變得心情不好，變得意氣消沈。

因此，你有必要更放鬆心情，不要再對性耿耿於懷。

# 問題　奇怪的手槍

你看了左下的三把手槍圖後，有何感想呢？請在下面的詞句中，圈出與你所聯想的最近似的答案。

(1)沒有特別感覺。
(2)很有趣。
(3)討厭。
(4)沒個樣子。

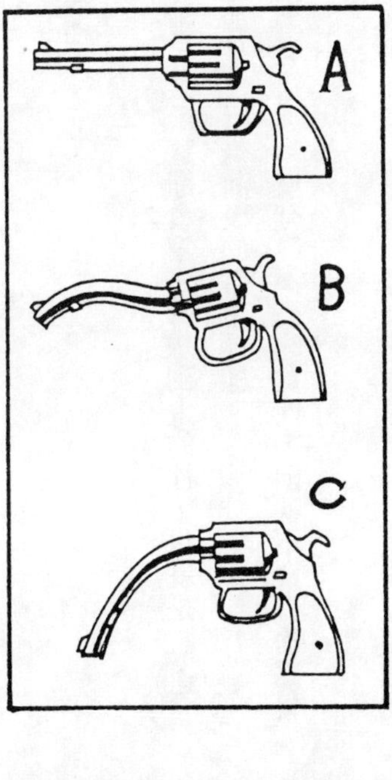

# 〔答案〕你的性意識是……？

這幅圖，畫的僅是單純的手槍，可是，其形狀卻會讓人聯想到人的性，也就是說，會讓人聯想到男性的性器。三隻手槍，宛如是性行為前後的陰莖模樣。

有過性經驗的女性，可能就會認為「討厭」。沒有性經驗的女性，則就不會有啥感覺了。

看了此畫的男性，對自己本身或會感到自卑，因為，這會使他想起自己在性方面是強或弱。總之，男人和女人對此一圖畫，有著不同的聯想。而，認為「真沒個樣子」的男性，是常常會自嘆自己在性方面不如人的人。

搜集手槍的人之中，有很多是對性方面自卑的人，他們常藉大型手槍、或威力強大的手槍，來掩飾自己在性方面的弱勢。

此測驗，可以調查你心中的性意識，而，確知女性的性意識，尤其是目標所在。

經常憧憬著性，想著性事的人，一定會在與性有關的測驗中有所反應。但是，此人的心中雖對性感興趣，然，在現實生活中，卻會過度壓抑此興趣和慾望，一直到結婚前，完全不會把此顯示出來。

現在，我們想知道的是——只有男女兩人在一起時，或者，兩人有密切關係的時候，對性的關心度究竟如何？

〈診斷〉

(1)沒有特別感覺的人

選擇此答案的人，不管是女性或男性，對性的關心是非常淡薄的，尤其是女性，不僅少有性經驗，在性方面也是個不成熟的人。

**⑵回答很有趣的人**

不管男女性，做此回答的人，性經驗豐富，對性的關心也很強烈。再者，此種人對性是沒有罪惡感的，對性的感覺是開朗與愉快。

**⑶答討厭的人**

做此回答者，以女性居多。此種人不但有性經驗，且對性的關心也變強，只是，他們具潔癖性，所以，對性就會有罪惡感和嫌惡感。

**⑷答沒個樣子的人**

做此回答者，與前面的正好相反，以男性居多。這種人會把由槍聯想到的陰莖，和自己本身做一比較，因而產生自卑感。

做此種回答的女性，多對性有強烈的厭惡感。

# 問題　你的他是否好色？

這是特別針對女性詢問的問題。

看一個人日常的習慣和下意識的動作，就可知道此人隱藏的性格。有的人平時看起來頗溫和的，可是一旦遇到困擾，性格就會起很大的變化。

有的人平時沒什麼表現，可是當受到壓迫或追逼時，隱藏的性格就會表現出來，而預先知道這樣的性格，在異性關係中是很重要的。

特別是，當女性愛慕一個男性時，若能預先知道此男性的隱藏人品和性格的話，就可以成為一種防衛自己的武器。

首先，請想想你的他，平日的習慣和動作，然後在下面的檢查表中，圈出符合你的答案。

**測驗①　他是怎麼個笑法？**

(A)露出白齒，哈哈大笑。
(B)聲音小小的，哧哧一笑。
(C)幾乎不笑。

**測驗②　坐在椅子上時，他有什麼習癖呢？**

(A)兩腳張得開開的。
(B)兩腳併攏。
(C)(A)(B)以外的坐法。

**測驗③　他說話時，手有什麼動作？**

(A)手掌朝著你的方向講話。
(B)有時候會露出手掌。
(C)很少用手勢。

**測驗④　他會從哪裡拿出皮夾或錢？**

(A)西裝的口袋。
(B)褲子的口袋。
(C)把錢放在身上各處。

**測驗⑤　他喜歡穿什麼顏色的襯衫？**
(A)大多穿顏色鮮艷的花襯衫。
(B)大多穿白色的。
(C)很少穿襯衫。

**測驗⑥　搭火車或約會時，他守時嗎？**
(A)比預定的時間早到很多。
(B)剛剛好趕上時間。
(C)差不多是5分鐘之前到。

**測驗⑦　當只有你們兩人在公園或電梯裡時，他會突然伸出手摸你的下半身嗎？**

(A)經常如此。
(B)有時候會。
(C)不會。

**測驗⑧　抽煙時，他是怎麼個吐煙的？**

(A)向下吐出來。
(B)向上吐出來。
(C)朝正前方吐出來。
(D)不抽煙。

**測驗⑨　他捻熄香煙時的動作為何？**

(A)在煙灰缸一角輕輕捻熄。
(B)把煙蒂丟在煙灰缸裡。
(C)把香煙折成「く」型，然後捻熄。
(D)不抽香煙，但是會喝酒。

(E)不抽煙也不喝酒。

**測驗⑩　他的耳朵和衣領，乾淨嗎？**

(A)耳朵和衣領都是髒的。

(B)只有耳朵或衣領是髒的。

(C)兩處都很乾淨。

**測驗⑪　他的戒指是戴在那根手指上？**

(A)戴在左手或右手的中指或無名指上。

(B)戴在小指或食指上。

(C)沒有戴。

**測驗⑫　他的西裝口袋裡都裝些什麼？**

(A)原子筆或筆記本。

(B)什麼也沒放。

(C)與領帶相配的手帕。

**測驗⑬ 到餐廳用餐時，他會花很多的時間在點菜單上嗎？**

(A)看過來又看過去，很難下決定。
(B)點的是與你同樣的東西。
(C)點的是他自己喜歡的東西。

**測驗⑭ 吃飽的他，盤中有剩東西嗎？**

(A)剩下一點，但把剩菜打理的很整齊。
(B)有剩，但亂七八糟的擺著。
(C)一點兒也不剩，吃的光光的。

**測驗⑮ 接聽電話時，他的手是握在聽筒的哪個地方？**

(A)握在下方。
(B)握在中間。
(C)握在稍上方。

# 〔答案〕與他愉快交往的方法

測驗完畢後，請看看左邊的一覽表，根據你所圈選的答案，找出分數，然後算出總分。算出總分後，你就可知道是屬於A～D中的哪一型了。

★測驗完畢後，請看此一覽表，依所圈選的答案找出分數，然後，算出總分。

| 測驗＼答 | (A) | (B) | (C) | (D) | (E) |
|---|---|---|---|---|---|
| ① | 5 | 3 | 1 | | |
| ② | 5 | 3 | 1 | | |
| ③ | 5 | 3 | 1 | | |
| ④ | 5 | 3 | 1 | | |
| ⑤ | 5 | 3 | 1 | | |
| ⑥ | 1 | 5 | 3 | | |
| ⑦ | 1 | 3 | 5 | | |
| ⑧ | 1 | 3 | 5 | 3 | |
| ⑨ | 3 | 1 | 5 | 3 | 1 |
| ⑩ | 1 | 3 | 5 | | |
| ⑪ | 5 | 1 | 3 | | |
| ⑫ | 1 | 3 | 5 | | |
| ⑬ | 1 | 5 | 3 | | |
| ⑭ | 3 | 1 | 5 | | |
| ⑮ | 5 | 3 | 1 | | |

A類型………15分～29分

B類型………30分～44分

C類型………45分～60分

D類型………61分～75分

現在，你應該知道自己是屬於A～D類型中的哪一類型了吧。藉此測驗，你就可明白現在你所愛慕的男性之隱藏個性和真心了。

〈診斷〉

**●A類型＝生活破綻百出的破滅型**

此種類型的男性，一旦陷入戀愛關係，就會愛得很深刻，可是，對你而言，這是一個會帶給你大麻煩的類型。

這也是喜歡不正常的關係，對此危險感到刺激的類型。和這種人談戀愛，你的心中一定常常七上八下，糾結不已。一旦秘密敗露，必會引起大混亂，而留給你大大的煩惱。

**★建議**＝首先，你千萬別讓對方牽著你的鼻子走，有時，你要離開他，獨自一人好好的想想。如果你被他牽著鼻子團團轉，危險大矣。因此，和他交往時，需保持距離。

這種會讓女人傷心哭泣的男性，如果又長得帥的話，就會具有性魅力，你得防著點。

**●B類型＝緊緊相依，終致破滅型**

一開始，你是被對方依賴的，這時的你，會像個母親般，而這也能滿足你的母性本能。可是，若連經濟方面也被依賴，就像被一條繩子緊緊捆住兩人，就危險多多了。不過，一年若只約會個兩、三次的話，就不難處理了。

**★建議＝**你的態度要很明確，這是非常重要的。如果你態度曖昧，讓對方看出你的弱點，就危險了。你要很明確的說出是、否，且讓對方明白你的要求，尤其在金錢方面，你的態度更是要果斷。

**●C類型＝托托拉拉的深刻破滅型**

起初，他是以一種不在乎的心情與你交往，於是你覺得彼此的交往蠻有意思、蠻快樂的，可是，如此托托拉拉下來，彼此的感情就容易深刻起來。結果，就會發展成長期交往，而不易分手。而這類型的人，很多會成為移情別戀的人。

此種男性表現得很溫柔、體貼，每天幾乎會打電話來或約你見面。因此，分手時，你很難接受這個事實。

由於你跟他在一起時，感到相當快樂，因此，你就很難掌握住適當的分手時刻。

**★建議**＝重視對方的生活，此種心態是相當重要的。

**●D類型＝唐璜花花公子型**

此為安全型，這種人隨時會控制自己的行動和慾求，努力地不使對方失望。他不會隨心所欲，總是想妥之後才行動。他一心一意的守住家庭和工作，絕對不會做過分的事情。又，他是樂天的、開朗的。

**★建議**＝今後是否要繼續交往下去，就要看你的態度了。如果你感覺不安，記住，早點向他表明你的態度。如果他是個擅於引導你的男性，一點也沒有讓你有不貞感的話，你就必須早下決心，與他分手。如此一來，不論是對方或自己，都較不會受到傷害。

## 〈動動腦　問題1〉向沒有路的路前進

且慢，讓我們先喘口氣。這是要檢測你的頭腦是否柔軟不僵化的測驗。左邊迷宮的中央有一個圓圈地帶，是沒有道路的。請從上面的Ⓐ～Ⓒ中，選出一個填入。但是，不可將ⒶⒷⒸ的道路上下左右地歪置，一定要完全照這個原樣鑲入。（答案在二一三頁）

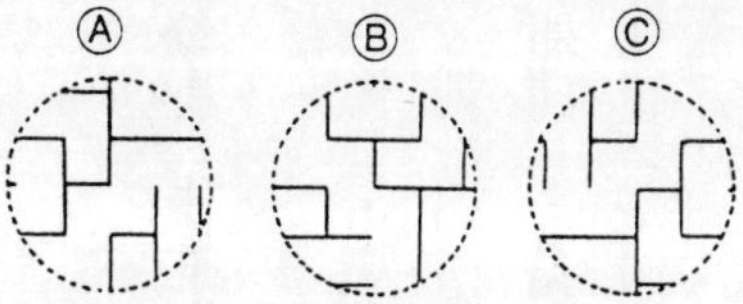


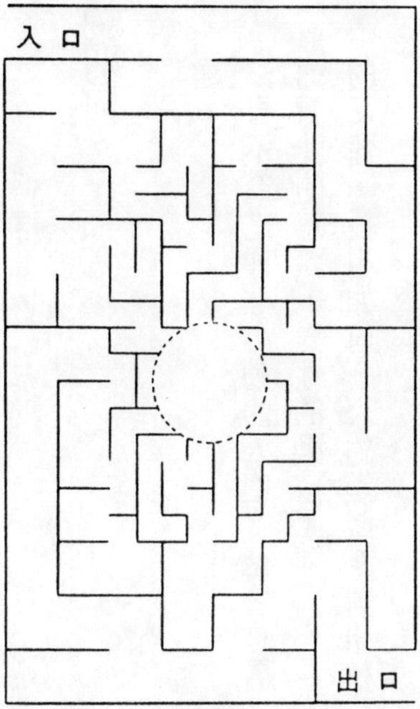

# 問題

## 兩個裸體的長相如何?

請先看左頁的照片，再回答問題。

這是張既大膽又刺激的照片，沒有不為之怦然心動的人吧?憑著你看了此張照片的感覺如何，就可知道你對性的意識，對性的願望了。

首先，請問男性讀者，照片中的女性，長相如何?大約幾歲?請想像一下。

接著，請問女性讀者，照片中的男性長相如何?大約幾歲，請想像一下。

運用了你的想像之後，再看看下頁的診斷，就可了解你的性意識了。

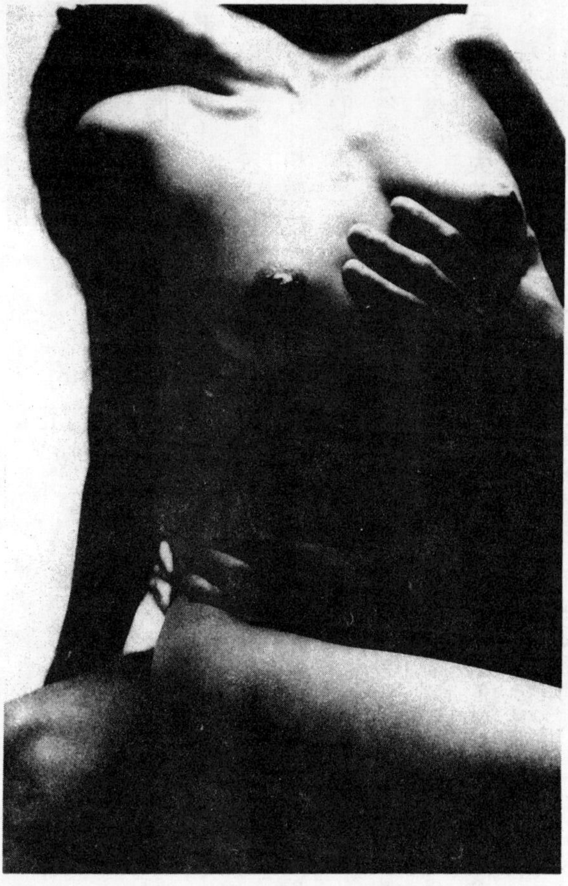

## 〔答案〕你會選擇幾歲的對象，做為性對象？

男女緊緊擁抱的裸體照片，會引起各種人不同的性之想像。尤其是如前頁般的照片，沒有照出臉部，只照出大膽姿勢的情形，更是會引起觀者對兩人的興趣。

首先，先檢查男性讀者的回答，讓我們來診斷你的性關心度及性意識。

你把照片中的女性想像成幾歲的人？**聯想對方與自己年齡相近的人**，過著充實的性生活，很滿足於現在的性生活。

**想像遠比自己年齡年輕的人**，對性有著自卑感，且正在煩惱著。不論是對自己的體力或性魅力，都缺乏信心。而，對男性的性象徵，尤其感到自卑。多屬戀母情結的人。

**想像比自己年齡還大的人**，有強烈的性願望，不能滿足於平凡的性生活，經常會運用幻想來享受各種各樣的性遊戲。對性的關心度變得強烈的時候，就會變成虐待狂。

其次，你所聯想的究竟是哪種長相呢？**想像成貌美、性感長相的人**，一般說來，是個有著正常的性意識和性經驗的男性。對自己的另一半很體貼，也是個愛情豐富的人。

**想像成孩子氣、可愛長相的人**，不滿於目前的性生活，多有很高的慾求不滿。

想像成痛苦、緊張等，**異常表情的人**，性意識頗偏激，有著異常的要素。喜歡做虐待狂的遊戲，及亂七八糟的行為。

接下來，檢查女性讀者的答案：

**想像此男性的年齡與自己相近的人**——滿足於現在的性生活，也十分享樂其中。**想像成比自己年齡大很多的中年人，或老人的人**，對性有拒絕的反應和厭惡感。雖有追求性的心情，卻往往予以克制。

**想像此男性比自己還年輕的人**，在性愛方面，常想像自己像男性般居引導地位，是個很積極的女性。母性本能很強，愛情也很豐富。

**想像此男性的長相既英俊又優雅的人**，性方面是很正常的，過著一種充實的性生活。此種女性對男性是從一而終的。

## 問題

# 誘惑你的照片

這兒所列的照片，定讓你眼睛為之一亮吧。

這五張照片之中，哪一張最讓你有性的想像，且讓你感到最性感？

根據你所選的照片，我們就可以診斷出，你對性的深層心裡。

每一張都是大膽且刺激的照片，你要全部都選？這可不行。

你只能從中選出一張。

(1)

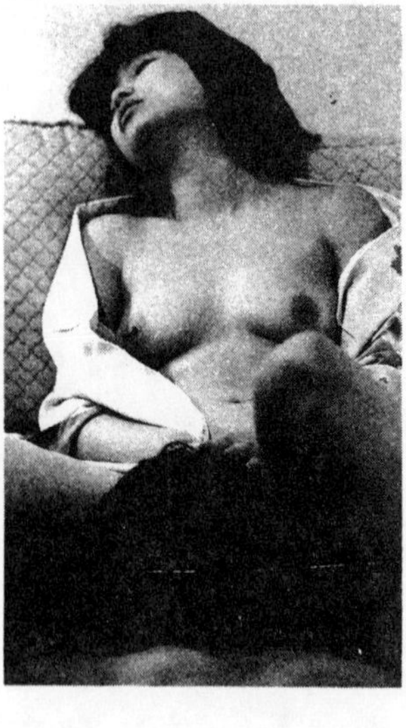

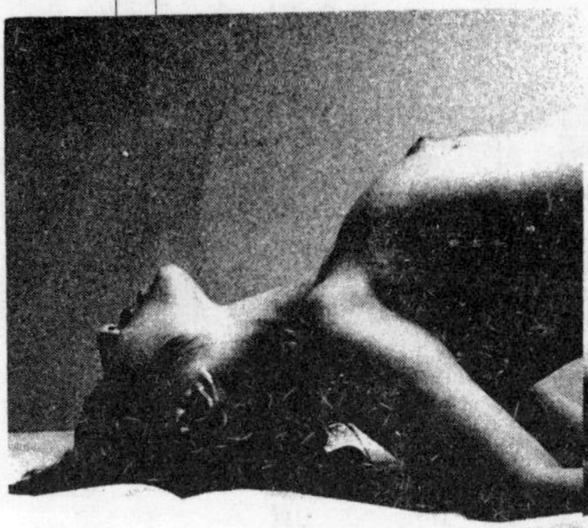

(2)

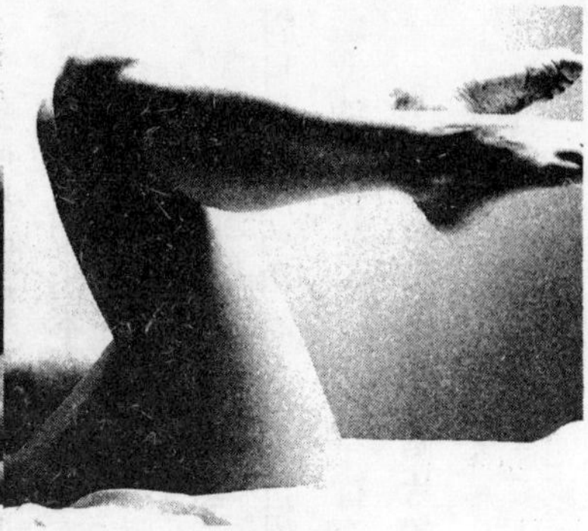

(3)

(4)

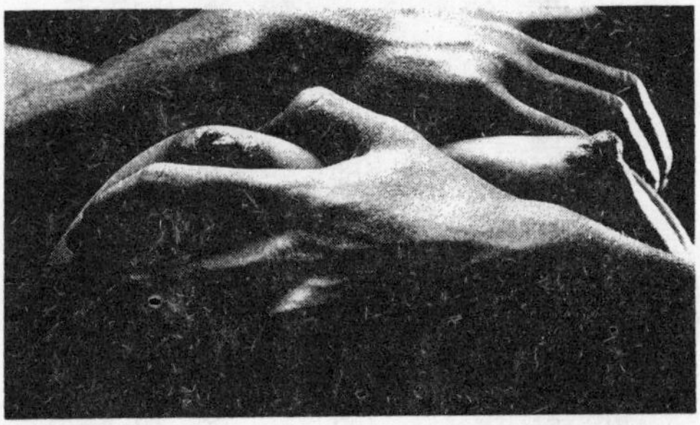

(5)

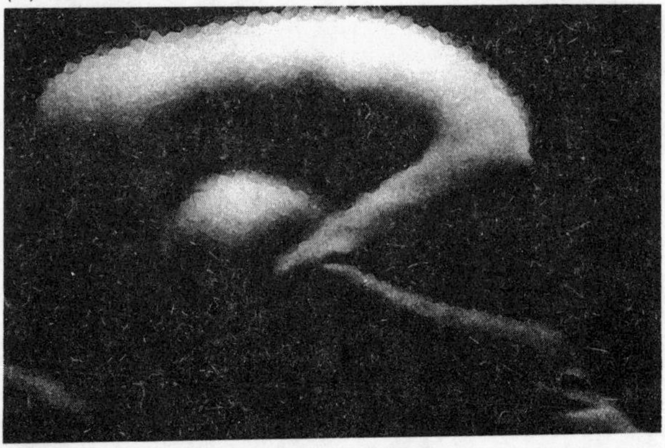

## 〔答案〕你的眼睛會注意哪裡呢？

這兒所舉出的照片，都是會讓觀者感到刺激，感到性感的照片。哪張是最吸引你的照片？藉此，我們就可知道你的性意識了。

對照片的部分或姿勢的選擇，如：選擇大膽姿勢的照片、上半身的照片、胸部的照片等，都會表現出不同的深層心理。

**(1)選擇大膽的男女行為照片的人**

選擇過於激烈、大膽照片的你，是個對性的慾求相當強烈的人。有著豐富的性經驗，對自己的技巧和體力很有自信。平凡的做愛是滿足不了你的，你熱衷的是稍微變態的性遊戲。如果你是女性，表示你有希望被男性深深狂愛的強烈慾求。

**(2)選擇臉到上半身照片的人**

你對性的慾求較淡薄，不喜歡異常的行為。有時候，你還是個自我克制的禁慾主義者呢。

**(3)選擇腳到下半身照片的人**

你很想把自己呈現在對方面前。如果你是男性，在做愛時會表現得很紳士。如果是女性，會表現得很嫻淑婉約。但是，在你們的心底深處，其實都有著很強烈的性願望。

**(4)選擇胸部照片的人**

對這張僅凸顯胸部的照片有所感的人，是個對性慾求相當具體的人。

**(5)選擇模糊效果的照片的人**

選擇鏡頭模糊表現不明確的照片者，屬於羅曼蒂克型的人，對性頗講究氣氛，以女性為多，即，此種人要求的是：理想的性、夢想的性。

史蒂芬‧貝加在其所著的《對下意識挑戰》一書中，對性的潛在意識，有如下的敍述：

「人在看到有關性的事時，會有恢復青春的感覺。」

「藉由性愛，男性會更確信自己的男子氣慨，女性則會確信自己的魅力。在男女間的關係非常混亂的今天，這樣的確信是至為重要的。」

「性是人類感情中最基本的一種。性愛是『忘記一切』的手段。」

「性愛是自我的表徵。」

對裸體照片的喜好，與此人對性的關心有著非常密切的關係。而姿勢、身體所附帶的東西、背景等，也有很大的影響力。

因年齡之不同，對裸體所注視的地方也會不同。例如：年輕男性的視線，多集中於眼睛、臉部、或腳，中年男性則是放在臀部、下腹部、胸部上。

# 第三章　金錢觀測驗

## ——不可預期的將來！

人稱經濟大國的我們，正處於財經熱、金錢遊戲的時代。金錢不僅推動著社會上的種種，且左右了所有的人之人生。一個人若沒有敏銳的金錢觀、經濟觀，就很難生存於現代社會中。

你的金錢感覺敏銳嗎？你是很吝嗇？還是很浪費？你擅於儲蓄嗎？你認為金錢是骯髒的嗎？這是個能讓你津津有味的心理測驗。

## 問題　密碼之謎

你擁有銀行的提款卡或信用卡嗎?如果有，請把它的密碼寫在□裡。

沒有這些卡的人，請設想一下，當你擁有這些卡的時候，你會如何設定密碼，請把號碼存下來。

| | | |
|---|---|---|
| | | |

## 〔答案〕你對金錢的感覺會表現在密碼中

你是否實際地把自己的密碼，寫在前頁的□裡?而這，就是所要診斷的對象。

「把密碼寫在書上，未免太粗心大意了吧!」如是想而不肯實際寫出的人，必定很多吧!

的確，實際寫下來的人，可要注意了，千萬別糊里糊塗的把此書借給朋友喲。

現在，我們已經得到結論了。

「寫出密碼的人，在金錢管理上屬於糊塗型。」

「沒有寫出密碼的人，是對金錢具有非常謹慎之常識的人。」

好，現在不論你是寫出，或是沒寫出的人，總之，我們可以從你如何設定密碼，看出你對金錢的感覺。

〈診斷〉

**①以出生年月日、自宅的電話號碼等身邊資料為密碼的人**

這是最常見的設定密碼方法，可是，也最易被他人推想出來。如果你的取款卡和筆記、名片一起遺失的話，在短短幾小時內，銀行裡的存款可能就被領光光了。

「我知道這個啦，可是要改變現在的密碼也不是件容易的事……。」

很多人也許會這樣想，然，以「金錢感覺的診斷測驗」這一面來看，如此想的人，其實正是「錢真是叫人受不了」的類型，或者是「無緣當個富翁」的類型。

**②以規則的數字排列為密碼，如：1234、00000、3333等**

也就是所謂的把「數字排得很漂亮」的人。粗心大意的①類型的人，是很難想像出每天都做帳的②類型的人之模樣。

尤其是，密碼中包含「3」、「7」、「8」等數字的人，我建議應儘早變更此密碼。因為，有很多人在被問道：「請列舉一個你所喜歡的數字」時，很多人會舉出這些數字。所以，以如此受人歡迎的數字做密碼，實在是非常不智的，因為它很易被破解。

**③其他的號碼**

其他當然還有各種各類的密碼。若一一的去追究選此號碼的由來，不但可診斷出此人的金錢感覺，也可以從各側面診斷出其性格。但，遺憾的是，這是不可能做到的事。

因此，在這我們也只能說：「一個人若擁有很具創意的密碼，對金錢的感覺是非常敏銳的。」

## 問題　能不加思索答對的有多少？

下面有十個問題，請把你認為對的數字寫下來。

啊？你說「沒一題懂得的？」那沒關係。這個測驗本就是要給像你這樣的人做的。請儘量輕鬆的作答，只要你認為是對，就寫下來。

反之，如果你認為這些問題都是常識性的，而全部都知道其答案的話，那就令人惋惜了，因為此測驗將無法診斷你的性格。不過，我相信，這種人一定是非常少的。

①地球的誕生，距今多少年？
②現在的地球總人口，大約有幾人？
③台灣島嶼區的範圍共是幾個島？
④四川省的省會是那裏？
⑤台灣島北起富貴角，南迄鵝鑾鼻，全長是幾公里？
⑥台灣本島的面積是多少平方公里？
⑦在台灣，台北縣是擁有最多「市」之縣。請問，有幾個呢？
⑧每個人的體毛，平均有幾根？
⑨麻雀的平均壽命是幾年？
⑩電影明星葉蘊儀，今年幾歲？

## 〔答案〕你對數字很在行嗎？

如何？①～⑩的問題，你不知道的為多吧。

正如前面所說，無法把這些問題做正確解答也無妨。因為，我們是從你胡亂猜的數字，和正確回答的數字之比例多寡，來看出你對金錢感覺。

首先，我們先給你十分。

然後，你把所答的數字和下頁正確解答的數字比較一下，如果你回答的是較多的話，就可在已有的十分上再加1分，如果是較少，就得減掉1分。

如果你早就知道答案，全都答對的話，就加減0分。

現在，把要用十加上或減掉的數字，塡入下頁正確解答下方的括符內，最後算出來的數字再加上十，就是你的金錢感覺度指數。

〈解答〉

+1　+1

①約46億年前（　）　②約50億人（　）

③共計86個島嶼（　）　④成都（　）

⑤三百九十四公里（　）　⑥三五七五九平方公里（　）

⑦7個市（　）　⑧約50萬根（　）

⑨約20年（　）　⑩民國83年的時候是21歲（　）

〈診斷〉

●0～7分

會把事物偏低評估的你，屬於就現實面來考慮事物，腳踏實地、努力提昇自己實績的類型。你對脫離日常感覺的事……例如，讓思緒馳騁在宇宙的遙遠那方，或沈迷於幻想小說……等等，都沒有太大的興趣。

你對金錢的態度是非常慎重的，因此，不會在金錢上受到傷害，但，你也不太可能成為一個有錢人。

●8～12分

很多題幾乎接近正確解答的你，對數字非常擅長，對需要運用數字的工作有很強烈的興趣，因此，你是個對金錢有著敏銳感覺的人。

你能夠明察時代的潮流，能在恰當的時機做大投資，且在該克制的時候，懂得及時收手……，總之，你是個會臨機應變的人。

●13～20分

就整體來說，你的正確回答實在多的嚇人，但，你對數字、金錢的感覺其實是大而化之的。說的難聽一點，你在用錢方面是很不知節制的，而說的好聽，你是花錢大方，很會照顧人的類型。

基本上，在金錢問題上面，你不會吃多少苦頭，不過，有時候在他人的花言巧語下，你可能就會上當不少。

## 問題　薄情的男子們

請閱讀下面的問題，再回答後面所問的問題。

請設想一下，這兒有一個如圖所繪的村子。有六個人沿著河邊住在那。

E小姐想到曾向她求婚的C先生家，不過，E小姐的家和C先生家之間隔了一條河，而，河上的橋斷了，E小姐只好拜託渡船伕F先生，帶她到對岸。

但是，F先生要E小姐付「三仟元」的渡河費，然，E小姐身上沒有分文。於是，E小姐只好去找A先生借錢。A先生卻對她說：「我這個人不喜歡借錢給人家，這樣好了，我介紹個工作給你。」

急著要錢的E小姐，又轉向B先生借錢。B先生說：「你拿身上的外套當抵押，我就把錢借給你。」E小姐只好無奈的脫下外套，跟他借了三

A先生
渡船
E小姐
F先生
D先生
B先生
C先生

千元，付了過河費，來到C先生這兒。但，C先生卻對她說：「你遲遲的不肯回覆我，我已經娶另一個小姐了。」

失意的E小姐，跑去找D先生尋求安慰。這時的D先生，剛和太太辦好離婚，他對E小姐說：「我會幫你的忙。」然後，E小姐就和他一起生活了。

看了此故事後，請依照你所討厭的順序，在出場人物上寫下號碼。出場人物如下。

A對她說：「我介紹工作給你」的人。
B對她說：「把外套脫下來抵押才借給你」的人。
C對她說：「你遲遲不肯回答，我已經另娶他人」的人。
D對她說：「我很同情你要跟你結婚」的人。
E想要跟「C先生結婚」的E小姐。
F「要付三千元才帶你到對岸」的渡船伕。

## 〔答案〕金錢與感情，何者重要？

藉此問題，我們可看出你的價值觀，例如：你認為人生中什麼是最重要的。此故事的出場人物，各象徵著「金錢」、「生意」、「心」，根據你對哪個人物有著什麼樣順序的厭惡，就可看出你的金錢感覺如何了。

現在，讓我們來看看，你所討厭的最後一個及其前面的那個人物是誰，也就是，從最初的第5個和第6個的兩人物上，可看出你的金錢感覺。

〈診斷〉

A人物是個金錢合理主義者，在金錢的借貸上，分得清清楚楚。

B和F，象徵著商業意識，不會受人情束縛，是個觀念清楚的人。

把這三人中的任兩人放在第5、第6個的人，對金錢的看法很合理，且把金錢弄的很清楚，是個把和生活和工作分開的人。

C是自我主義者，對金錢的看法往往以自我為中心，只要心情愉快就會輕易的借錢給他人，所以，有時是很大方的。

D、E是屬於不以金錢、物質為中心，不喜歡為金錢而做的類型。這種人有強烈的為他人奉獻、犧牲的精神，就算自己蒙受損失，也在所不惜。

把C、D、E做為第5個、第6個人物的你，正說明了心中的願望及日常生活的態度。

●把A、B、F放在第5個、第6個的人，屬於擅於運用金錢的類型。

●把C放在第5或第6個的人，對金錢很自我中心，屬於我行我素型。

●把D、E放在第5、第6個的人，屬於反金錢型人物，認為精神、夢想比金錢、物質重要。

# 問題　你要吃多少錢的排骨飯？

## 測驗①　蘋果的重量

如下圖所示，天秤上放了一個紙袋子，可是，我們不知道其中裝的是什麼。

現在，你把手一放，請問天秤會朝那邊傾斜？另一邊的盤子上放的是三只蘋果。

(A)蘋果較重，紙袋子上昇。

(B)紙袋子較重，蘋果上昇。

(C)一樣重，保持平衡。

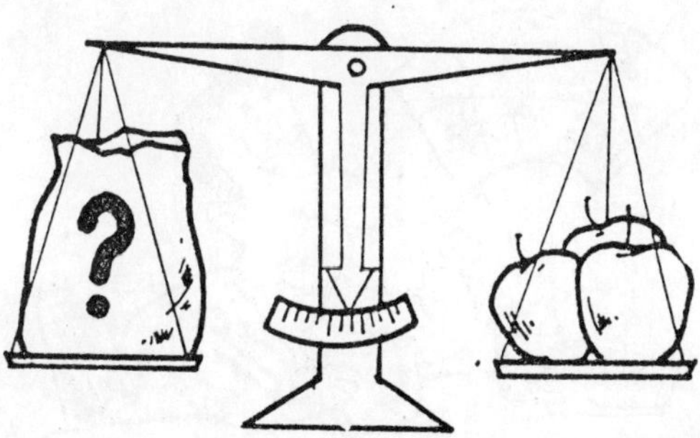

## 測驗②　從付錢上看你是不是好面子？

你出席了一個需繳一佰伍拾元會費的宴會。當付此會費時，你會用什麽樣的方式付呢？假設你身上有一千元紙鈔一張，一佰元紙鈔兩張，及伍拾元硬幣三個。

(A)用一千元紙鈔來付。
(B)拿出兩張一佰元，要對方找錢。
(C)拿出一張一佰元及一枚伍拾元硬幣來付。
(D)付三個伍拾元硬幣，以便對方找給他人。

## 測驗③　松竹梅之差

你想吃個排骨飯。而，菜單上列有四個種類的價錢。請問，你會叫多少錢的排骨飯呢？

(A)台幣八拾元。
(B)台幣一佰元。
(C)台幣一佰伍拾元。
(D)台幣兩佰元。

## 測驗④　從火災中搶救出的寶物

半夜裡，突然傳來：「失火了」的叫聲。周遭已陷於火場，匆忙中你要搶救一樣東西。你會在下列的東西中，搶救哪一樣呢？

(A)孩童時代的相片簿。
(B)存摺簿。
(C)食物。
(D)新款的衣服。

## 測驗⑤　下雨天給花澆水

你正打算給院子裡的花澆水，這時，收音機的氣象報告說：「馬上會下雨」。你會怎樣呢？

(A)反正就要下雨了，不必澆水了。
(B)反正是例行公事，還是會澆水。
(C)認為天氣預報總是不準，還是會澆水。
(D)看看情形再說。

## 〔答案〕你是吝嗇，還是浪費的人？

這些測驗的目的，都是要明白你對金錢的潛在慾望和態度。

**測驗**①的重點是，在不清楚紙袋裡裝的是什麼時，你所想的內容是什麼。如果是金錢慾望、物質慾望較強的人，就會聯想到「較重」的東西。

**測驗**②是要測知，你如何讓周遭的人知道你對金錢的態度。真正的有錢人，或了解金錢價值的人，就算有錢，也不會表現出來。相反的，愛面子的人，在測驗中就會選擇Ⓐ或Ⓑ。

**測驗**③，每個人對事物的選擇都有差別的，對金錢感覺或態度，也會影響其對事物的選擇。一般人都會選擇Ⓑ或Ⓒ的中庸價錢，選擇Ⓐ或Ⓒ的就較少了。另外，對什麼事都選擇中庸，不會過分勉強使用金錢的人，就算有ⒷⒸ兩種中庸價錢，也會選擇較便宜一點的Ⓑ，亦即，此種人對金錢的態度是很實際的。如果是較虛榮，或較注重外表的人，在Ⓑ或

(C)兩種的中庸價錢中，會選擇價格稍高一點的(C)。

**測驗④**，對金錢價值的想法，屬於較現實的人，或重視與錢有關的事情的人，就會在測驗裡選擇「存摺簿」或「衣服」。而，比金錢更重視夢想、浪漫的人，則會下意識的選擇「相片簿」。

**測驗⑤**，會賺錢的人，或在日常生活中，過著踏實、努力生活方式的人，單由給花澆水這件單純的事情，就可看出其生活態度。

如：反正澆了也沒用，就算沒用也要澆水等，藉此測驗可反映出一個人的生活態度。

＜**診斷**＞

根據以上5個測驗的得分表，調查看看你的得分，然後予以合計。

由你所得的總分，就可知道你的金錢感覺是屬於哪一型的了。

**得分表・各測驗中所選的答案**

| | (A) | (B) | (C) | (D) |
|---|---|---|---|---|
| ① | 1 | 5 | 3 | |
| ② | 1 | 3 | 5 | 5 |
| ③ | 5 | 5 | 3 | 1 |
| ④ | 1 | 5 | 3 | 5 |
| ⑤ | 1 | 5 | 3 | 3 |

**測驗的總分**

5～11分…………A型
12～18分…………B型
19～25分…………C型

●A型——你對金錢不太關心。比起金錢，你更重視夢想、浪漫和精神，你在意的是生活上的享樂。只要是你想要的東西，就會去買，有浪費和虛榮的傾向。

●B型——所謂的一般型，會有節制的用錢，也就是說，屬於節儉的類型。雖有強烈的金錢慾，可是對賺錢方面卻不在行，所以，有錢的時候就用，沒有錢的時候就會節制。

●C型——很在乎金錢的人，幾乎可以說是個吝嗇的人。對金錢方面蠻嚕嗦的。不過在賺錢方面卻很有辦法，只要機會一到，就會賺大錢，是很幸運的人。

**〈解說〉在賺錢方面，與其說靠「才能」，不如說靠「運氣」**

一家大糕餅店老舖的老闆曾說：「有的人會把一仟元當做一萬元來用，有的人則是把一萬元當做一仟元來用。」

把一仟元當一萬元來使用的人，把一萬元當一仟元來使用的人，這兩者的性格和財運當然有別。在開始做生意的時候，我們就得認清自己究竟是屬於哪一類型的人。另外一開始與人做生意時，若能知道對方是屬於哪一類型的人，對我們就有極大的好處。

所謂的財運，並不是單指有艮好的「金錢感覺」而已，若你誤認單是如此的話，在日常生活中就不會有什麼財運了。有的人擁有極佳的想法和賺錢的智慧，可是依然貧窮如故。有的人雖很有構想，還是賺不了錢。

這些人所缺的就是「財運」。所以，一個人縱然很有賺錢的才能或素質，仍是不夠的。

世界著名的通訊業佼佼者夏滋公司的創始者羅拔克曾說：

「我常常環顧自己的周遭，比自己更有才能，更有能力的人多的是，可是，我跟他們不一樣的地方，就在於『運』。我的生意之所以能成功，百分之九十九是靠運氣。」

單憑對金錢的感覺是無法抓住財運的。懂得財運之重要是必要的。

# 第四章　行動力測驗

## ——對另一個自己怦然心動

為了讓自己更積極、更愉快的活在世上，且掌握住成功，就必須有行動力。你是不是對任何事情，都有積極向前、積極奮鬥的精神呢？你是不是有與人都可順利交往的社交性和積極性？不論是在工作、戀愛方面、遊樂方面，你是不是都有專注的熱情？這是要確知能夠把你導向成功的積極行動力之一章。

## 問題

### 你若要拍相親照片……

假設現在你要拍一張相親照片。這時，我想任何人都會儘量地拍下，能給人好印象的照片，下面的四張照片中你最喜歡從哪個角度拍的照片？

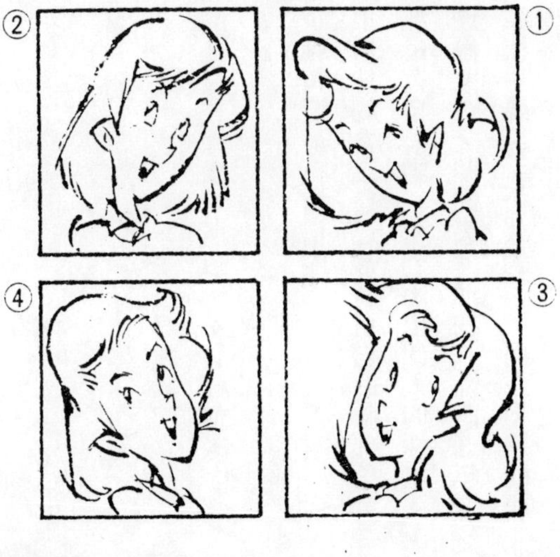

# 〔答案〕喜歡臉部的哪個角度？

相親照片，是給初次見面的對方，推察你的人品之最佳線索。所以，不管任何人，都想拍下自己最好的表情，能夠給人好印象的照片。

你對自己朝右、朝左、向下，向上的臉部，哪一種角度最有自信呢？

拍照片時，或與人面對面講話時等等，一般人很自然的會以自己最有自信的臉部角度，向著別人。因此，從一個人對自己哪個角度的臉部最有自信中，可判斷出此人的性格。

最先注意到人的臉不是左右對稱的是，澳洲心理學家W‧渥爾夫。他在一九四三年發表了一項看法，他說，人的右半邊臉做的是有意識表情，屬於「公共的」，而左半邊的臉是抑制的，屬於「個人的」。

根據其後的研究，我們得知「人的臉部表情，左半邊比右半邊更豐富」。

另外，美國的心理學家，同時也是活躍於十九世紀至二十世紀的畫家，波特雷特，曾對臉部的角度做一調查，他發現，從左邊的角度（左邊的臉表露的較多）畫臉部的畫家較多。

政治家們用來宣傳等的照片，以正面角度拍攝的人佔多數，從左邊角度拍的人次之。

〈診斷〉

**①呈現左邊的臉且視線朝下看的人**

呈現自己左邊的臉，且視線由上朝下看的人，多具有開朗的性格，為人和善、較溫柔體貼、也比較謙虛，易與人融洽相處。

**②呈現右邊的臉且向下看的人**

一般說來，這種類型的人較喜歡我行我素，堅持自己的主張，如果自己的意見沒被接受，就會焦躁的對周遭之

人動怒，且精神上會陷於低潮、不安定的狀態。

**③呈現左邊的臉且向上看的人**

此種人對自己很有信心，是個自我表現慾強烈的人，具有將自己的優點表現給他人看的強烈意識。雖易與人融洽相處，然碰到事情時，有時會突然關上溝通的大門。

**④呈現右邊的臉且向上看的人**

此種人具有積極的行動力，和領導的素質，可是會為之過分。所以，多屬於獨斷獨行的人。

獨裁者希特勒的照片，多是現出右邊的臉，且有向下看的傾向，這就顯示出他具有異常的性格與神經質。

影劇界的人，在電視上或照片裡，多喜歡現出左邊的臉。左邊臉的表情較能給人好印象，各位應都已知了吧。

## 問題　你的剖面

她問你：「你什麼時候國中畢業的？」你會怎樣回答？

## 〔答案〕你是情緒型？還是邏輯型？

這是個牽涉到和人問題的測驗，而，由你回答問題的方式，可以得知你的思考路線。例如：你是如何回憶起自己的過去？或，你是如何記取這些回憶的？

談到過去時，人會從自己腦中龐大的記憶庫裡，抽出必要的資料，予以重組作業一番。當然，能否整理完整無漏是令人啟疑的，不過，這記憶庫可說是「你專用的圖書館」。

你把「國中時代結束之際」，這樣一個多感時代的記憶，是寫在標題為何的書裡，然後放在你頭腦裡的圖書館中吧。亦或，有關記載這一段的書，你把它放在圖書館的某室的某排書架上吧。

所以，當被問到「什麼時候？」時，你能當場給予答覆。

人都是經過各種各樣的體驗，才達到今日的模樣，當然，回答此問題時，就會出現各種形式的回答。不過，大致上可分為，用數字來回答，例如：「一九××年」、「距今×

年前」等等，或者，以具體的事情來回答，例如，「戰爭結束那年」、「舉行東京奧林匹克的那年」、「石油危機的那年」等，即，「印象中當年所發生的事」、或「當年自己身上所發生之事」。亦或，用這兩種方式來答，總之，可分為這三種形式。

〈診斷〉

**①民國××年、19××年等，以年號的數字回答的人**

此種人喜歡邏輯性思考、喜歡客觀性的表現，屬於不會因熱情而行動的冷靜型的人物。通常，這類型的人，男性比女性多，換言之，不論是男女性，用這種表現方法來回答的人，可說「男性度較高」。

順便一提，雖同樣以數字表現，但若是以一種非常主觀的方式回答，例如：「十五歲的時候」，則，寧可說此種人屬於非常情緒化的類型。此種人之診斷請參考②。

**②以當年所發生的事來說明的人**

例如：「在東京舉行奧林匹克的那年」、「關渡橋通車的那年」等等，以當年所發生的事來說明的人，是個愛幻想，比邏輯還重情緒的熱情家。有時候，對事物的看法會過於偏重一方面，且，往往會跟著感情或感覺走，而做出糊塗之事。另外，以占卜來說，①類型的人比較喜歡邏輯性的占卜，而這類型的人則有喜歡以「靈感」為基礎的占卜之傾向，與①比較起來，屬於女性度較高的類型。

**③兼用數字和當年所發生的事來說明的人**

此為邏輯與情緒的平衡型。不過，雖用兩種方式來說明，但一開始必有哪種方式先出現於腦中，然後，再用另一種方式加以補充。

例如：「唔！那是在東京舉行奧林匹克那年春天的事……應該是一九六四年吧！」如此般的把發生的事放在前面的人，應屬於情緒型。

「一九六四年，東京舉行奧林匹克的那年。」如此般說的人，則應屬於邏輯型。

## 問題　最先注視的是什麽東西？

看了此幅畫後，請合上書本，然後再打開書看一次。請問，你再重看一次時，眼睛最先注視的是下列的哪個部分。

⑴老農夫的臉。
⑵兩人的服裝。
⑶手上的叉子。
⑷後面的建築物。

## 〔答案〕你是不是易懷有情結？

如此般的畫，常被用於心理測驗中。

從這個問題的解答中，我們可知道你所擔心的是什麼？你對自己的行動或工作，是否易懷有情結？或根本沒有所謂的情結，只是個想做就做的人。

〈診斷〉

神經質、易焦躁，對人際關係或疾病等沒有自信，心有不安的人，愈會注意到畫裡的「叉子」。

當看到畫中的人物時，我們的心情或許還是平靜的，但一看到其手中的叉子，我們就會變得焦躁起來。或當我

們處於焦躁狀態時，視線會不知不覺的落在叉子上。

向上凸出，尖尖的農具，會給人一種不知何時刺向自己的恐懼感。這把應該刺向地面或乾草的叉子，總會讓我們聯想到，不知何時刺向自己。

看此畫時，視線首先落在銳利的叉子的人，就表示現在正懷有這樣的恐懼感，或心理上有著不安。這就是所謂的「擔心型」的人。

這種人不論在工作、人際關係上，易懷有自卑感，無法採取積極行動。

## 問題

### 這四張圖畫在說明著什麼？

這裡有個以山川為主題的畫展。會場上，有四張併列展出的畫。如果你想以其中一張當禮物送給他人，你會選擇哪一張呢？這四張都出自一流畫家的手中，價值都一樣。

(1)

(2)

(3)

(4)

# 〔答案〕河象徵著人的一生

本測驗是要看出，你是否對現在的生活不滿？是否認為改變一下現在的生活才好？假設你為工作場所中的人際關係煩惱著，在工作上也遇到許多的疑難，而決意換個工作。不過，新的工作究竟能不能滿足你，本測驗可以為你看清楚。

「河」象徵著人的一生。回顧一生，覺得自己是苦多於樂的人，或者，認為自己的體驗裡，有很多是不愉快的人，在畫河時，會把河畫得彎彎曲曲的。小孩子畫的河，大部分是畫一條線且橫向流著的。在下意識之中，河讓我們回顧了自己的人生。

日本童話『桃太郎』，述說的是，有個老太婆在河邊洗衣服時，流來一個桃子，桃太郎就從桃子裡蹦出來，這也是個象徵人生的故事。

河表示了生活，河流則暗示了過去、現在、未來。

〈診斷〉

在四種類的河之中，我們可以根據一個人所選的河，得知其生活型態。

**喜歡(1)河的人**，是個不在意過去的樂天家。他總是只考慮現在的事情。

相對的，**選擇彎彎曲曲(2)河的人**，心目中老是在乎著過去，是個頗神經質的人。

最常見的河，**是像(3)般，稍微彎曲，大部分呈一直線流的河**。

不過，河的型態並不能說明此人的過去心理。除由過去的生活型態中也可以看得出此人將來的人生。C・H・謬勒曾就心理學上做一命運的預測，他認為一個人的過去的生活方式，可做為將來生活的借鏡。

例如：一個看似過著嶄新生活的人，其實多是在重複著過去的生活方式。又，經常賭博失敗的人，將來的人生裡就具有易賭博失敗的要素。

**選擇(1)和(3)的人**，心中有著想要擴大生活領域的意識，但，今後的人生卻還是不會有太大的變化。亦即，此種人不是會積極行動的人。

**選擇(2)或(4)彎彎曲曲河的人**，期望今後的生活中，有著變化和刺激，追求的是一種戲劇性的人生。在行動力上，是很有魄力的人。

不過，有的人在選擇時，可能是漫不經心湊巧選中其中一幅畫，而不是自己的心中有很想改變人生的意志。另外，有些人雖不喜歡轉換工作，但為體驗人生，遍歷各種工作，反而獲得出人頭地的機會。

所以說，一個人與其老是因循著同樣的生活方式，不如去經驗各種各樣的事情，以開發自己的運氣。

## ＜動動腦　問題2＞向踏石迷魂陣進攻

由開始到終點，請你務必飛躍踏石上的蟲向前進。前進時，你不可以連著經過沒有蟲的踏實，另外，你所飛躍的蟲可以是一隻或兩隻，但不可超過三隻。請問，該如何前進才能到目的地呢？（答案在二一四頁）

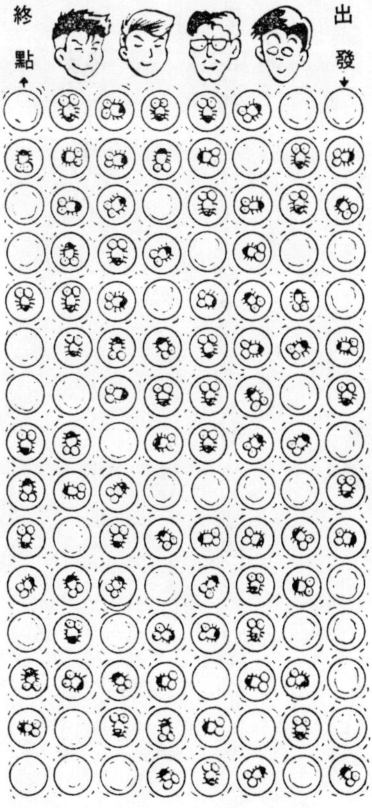

## 問題

### 吃了一驚的男人

請看左圖。

有個看著紙上寫的東西，露出一臉驚訝的男性。他究竟為什麼而吃驚？

請你想像一下。

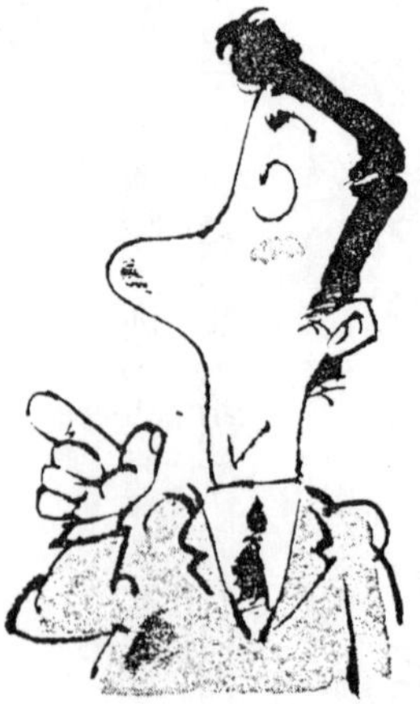

# 〔答案〕內心深處的景象

當看到一幅背景交待不清的插圖，或者不知其想要表達什麼的圖形時，人常會在下意識之中，拿自己可理解的事情作補充，以獲得心理上的安定。

以由此而產生的受測者之反應為基礎，然後把「為何會看成這樣」的問題加以分析，就成了非常受歡迎的深層心理分析手法。

提示無意識的圖形，然後問：「看起來像什麼？」的手法，有著名的「羅夏哈測驗」，本種測驗則是利用稍具具象的圖形手法，也稱為「ＴＡＴ」手法。

當你被提示一幅「不知為什麼這個人吃了一驚」的圖形時，你究竟會想像他「在吃驚什麼呢？」

這時，你一定會把你心中的景象投影在回答之中。

〈診斷〉

如果你的回答是：「這個人是在看『你成為本次抽獎活動的幸運者』的通知」，也就是說，你是**想像一件很可能發生在自己身上的「好事」**的話，表示你是一個不受過去束縛的樂天派。

你是個凡事都向前看，並採取積極行動的人。

另一方面，如果你的回答是：「在看朋友不幸的消息」、或「催促借款的通知單」等，也就是說，你**想像紙上寫的是對自己很困擾的事情**的話，表示你是個一碰到困難，就猛鑽牛角尖，想不開的人，即，你不是個積極行動的人。

順便一提，在這種情形下，你所想像的內容，多半是你過去曾經實際體驗的痛苦經驗，而這是你一直想忘記，卻忘不了的事，於是就成了你的深層意識，永遠成為心中的痛。

## 〈動動腦　問題3〉唉呀！那裡是正面呢？

左圖是立體的迷宮。下面有「正面」指示的牆壁才是正面。請問，ㄅㄆㄇㄈ四面，究竟是正面？還是背面。單憑一眼是很難看清楚的。此乃是個錯視圖形的應用問題。（答案在二一五頁）

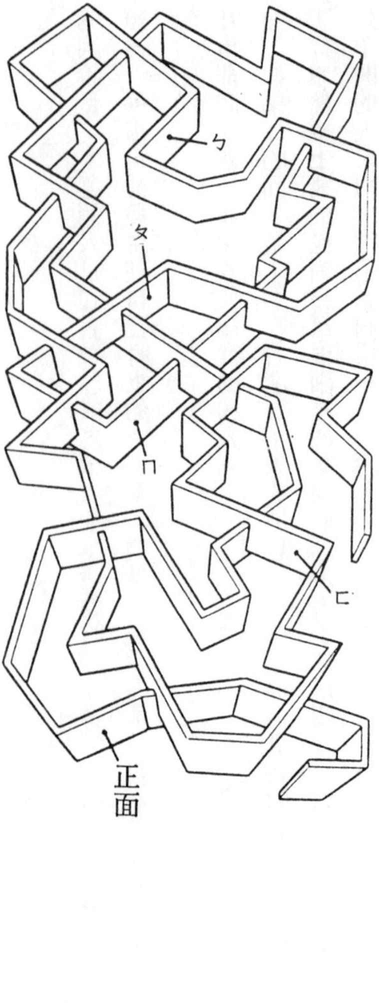

## 問題　畸零土地

下面是塊畸零土地，請想想有沒有辦法把它等分為2、3、4、5、6塊呢？

且，各等分的土地，形狀要相同。

請問，你該如何分呢？

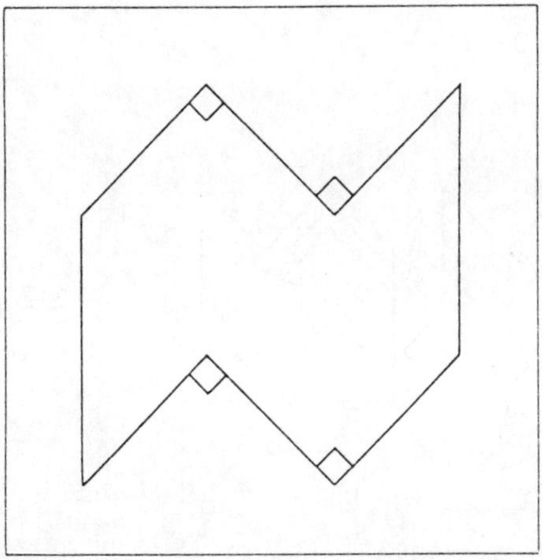

## 〔答案〕

左圖所示即是

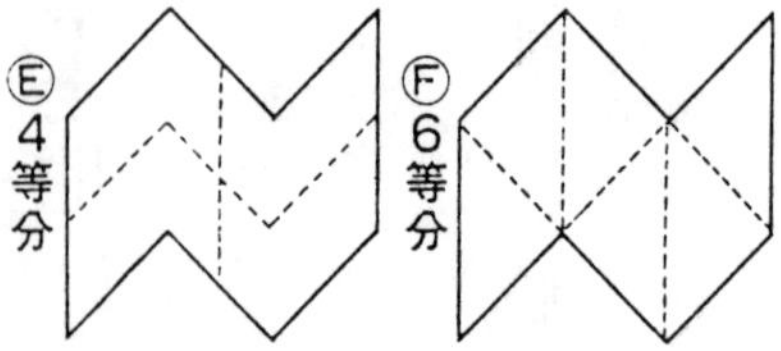


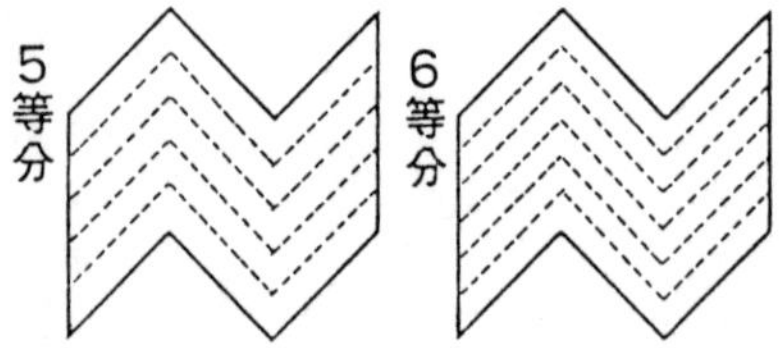

〈正解〉

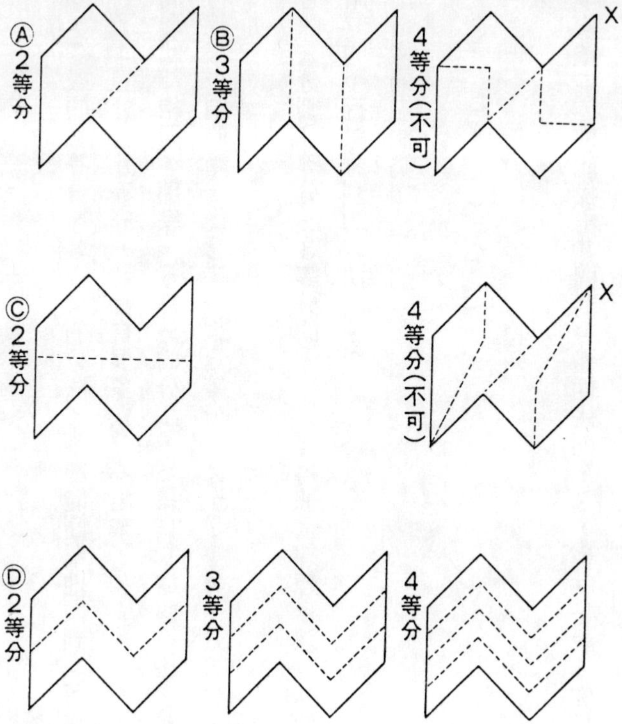

〈解說〉

我想，像Ⓐ、Ⓑ、Ⓒ般的2等分、3等分的分法，誰都能簡單地做到。可是，若繼續採用這種分割法，到了4等分、5等分，就會有很多人分不出來了。

答案要分割後的形狀都相同，那麼，5等分的分法，就只有Ⓓ這個方法了。假如以Ⓓ的方法，即，用平行線來分割的話，從2等分到6等分，甚至7等分、8等分……統統都可分割出。

以Ⓐ、Ⓑ、Ⓒ方法來分割2等分、3等分的人，只要再慎重想想「還有其他的方法嗎？」一定不難想到用Ⓓ的平行線分割的方法的……。

請問，你有想出這樣的辦法嗎？

〈診斷〉

**●全都分割出來的人**

在漫無頭緒的事象當中，你能找出共同的普通性法則……，也就是說，你是一個具有認清事情本質的能力，且有著豐富想像力和行動力的人。

**●除5等分之外，統統能解的人**

在4等分方面，你還有一個Ⓔ的方法，而，從此方法中，還可發現它跟5等分的分法頗有關連，因此，你可從中獲得破解的訣竅。

能夠發現到這點的話，所有的問題，你當然都可以解決……，只要你有耐性和充分的想像力。只可惜的是，你缺乏了再一步去掌握問題的本質，然後將之應用在其他方面的彈性。

**●只會解2、3、6等分的人**

你的創意運算不錯，只可惜在碰到障礙時，缺乏再檢討一次的耐性。

你有著在過去所獲得的實績上鑽牛角尖，而不向新領域挑戰的消極、保守的一面。

**●只能解2、3等分的人**

不論對什麼事，你都缺少耐性，創意也很平凡。且，你有著把自己貼上「自甘於平凡」的標籤，而安於此狀態的一面。

創意是可以經由訓練來磨練的。所以，請你重視自己的可能發展性。

**●一個也解不出來的人**

萬一你是屬於此類型，在創意的診斷之前，你就應知道自己本身很缺乏對基本圖形認識的能力。因此，你實在不適合做本測驗的診斷對象。

# 第五章　深層心理測驗

## ——讓你驚訝的一顆心

這一章是要你了解，以前你未曾注意到的另一個自己。

真正的你，究竟是個什麼樣的人呢？你具有什麼慾望呢？你適合從事哪方面的工作？你跟哪種人較情投意合呢？他人的心目中，究竟如何看待你呢？你的心底深處究竟在想些什麼呢？若了解了自己本身心中的不可思議之處，你定會大吃一驚。本章就是在告訴你這些。

## 問題　筆跡測驗

請在下面的正方形框框之中，寫一個「我」字，請儘量寫得顯明、清楚。

# 〔答案〕表現在筆跡的深層心理

請問你寫的是個什麼形狀的「我」字呢？人所寫的字，也就是筆跡，往往可表現出此人的性格和心理狀態。

筆跡和人的性格關係，在距今兩千年前，就有人思考到此問題，而真正認真地加以研究，是在十九世紀才開始的。

在「寫」的這個動作中，人的精神就會集中起來。例如：邊看電視，或邊吃東西時，我們就很難寫出好文章。

＜答例＞

雖不一定寫不出來，但在這種情況下，你就無法集中精神，有效率的寫。

由此可見，人要寫些什麼時，就一定要集中精神，所以，從人所寫的字中，當然可看出寫的人，當時的心理狀態和性格。

當你心情陷於低潮時，動作當然就較不活潑，而這時你所寫的字，也會顯得散漫沒有勁。大致說來，就像下面左下角的字。

反之，當你心情舒暢時，你所寫的字就較有勁、明晰。

一個從事非常精密的工作，或像繪圖般需聚精會神工作的人，所寫的字必也是規規矩矩，顯示出其一絲不苟的性格。

要從筆跡診斷一個人的性格時，最能做為診斷基準的是些什麼呢？

法國的筆相學者克雷比・買邁曾說：「字體的大小、方向、形態、速度、連續、秩序、筆壓，都可做為筆跡的線索。」

〈診斷〉

現在，讓我們來看看你所寫的「我」字。在下面的七個項目中，你的「我」字，符合幾個呢？

請在符合的項目上打○，然後，合計你所得的分數。根據分數，就可測出你現在的心理狀態與性格。

①字寫的斜斜的——2分
②筆畫很粗——3分
③儘量寫的很大——1分
④筆畫帶鈎——1分
⑤筆畫有不清楚處——2分
⑥字體中有些花樣——2分
⑦其他的花樣——各1分

**●合計分數在兩分以下的人**

本問題所要求的是，要儘量寫得清晰、明顯，所以，分數如此少的人，性格必是消極、怯弱的，而，現在的心理狀態，則必是非常的低潮。

不論是工作、戀愛都不順利。

**●合計分數在3～7分的人**

是相當積極的人，常常會追求夢想和羅曼蒂克。也可以說是個理想家。對他人很體貼，是個具有討人喜歡的開朗性格的人。

**●合計分數在8～12分的人**

非常活潑，是個全身充滿幹勁的人。不論是對工作或戀愛，都很積極地向之挑戰，是個能夠掌握成功的人。

不過，此種人必須要注意的是：凡事不要太勉強，及行為要優雅點。

## 〈應用問題4〉由「の字」的寫法來檢視你的心

「の」這個字，是日文假名中非常簡單的一個字形，只要一筆就可寫完。因此，是個很易做筆跡判斷的字，也最適合做性格及心理的分析。

現在，請你在左邊正方形框框內，寫下「の」這個字。

### (1)把「の」字寫的小小的人

在正方形框框的中央，寫上一個小小的「の」字的人，通常是消極而謹慎的人。性格內向，不擅於在人面前講話，也不擅長做需在外面到處活動的工作。

由於沈默寡言，所以，能夠坦誠佈公說心裡話的朋友很少，多半是一個人悶悶不樂的生活。

戀愛方面也蠻消極的，雖然心裡有喜歡的人，也不易表達出自己的感情，所以，常遭受對方的誤解，而致失戀。

不過，此種人很有耐性，就算有再多的痛苦，也能極端的忍耐，絕不亂發牢騷。

由於個性溫柔敦厚，所以，若以此種人為情人或夫妻，對方絕對會以心相許。在家庭裡，一定是個好丈夫，或好太太。

### (2)寫一個大大「の」字的人

在正方形的框框中，把「の」字寫的很大，寫的滿滿的人，很有行動力，不管做什麼事情都積極地去挑戰。不管是工作或遊樂，都會全力以赴，認真去做。

在組織之中，通常都是個領導人物，很受周遭之人的信賴。此種人的自我顯示慾很強烈，絕不服輸，一旦遭逢對手，一定盡全力與之周旋到底。

由於具有堅強的意志和強烈的個性，因此很易掌握住成功，不過，有時也會失敗，而此失敗必是徹底的大失敗。

這種人常喜歡我行我素，以自我為中心，所以，好朋友雖多，樹敵的也不少。在戀愛方面也是很喜歡我行我素，以自我為本位。獨占慾非常強，嫉妒心也很深。性情很善變，容易沈迷也容易冷淡。

這種人一旦喜歡上一個人，一定會全力去爭取，不達目的絕不甘休。但是，這種人卻又不是肯安於家室的人，家庭生活常常會有波瀾。

**⑶把「の」寫的向右上方傾斜的人**

寫出向右上方斜伸的人，較為多見。這種人多半是喜歡追求夢想和理想的浪漫主義者，可說是個幻想家。

此種人對任何事情常喜歡抱持大的夢想，而，為了實現夢想，會拚命的去努力，所以，通常是個能獲得成功的人。

不過，雖喜歡懷抱夢想和理想，卻缺乏現實性，所以，有時候難免沒有注意到小節。

在工作方面，若有足以信賴的好的忠告者，就可以做出好的工作成績。

在戀愛方面也一樣，這種人常喜歡懷抱夢想和理想，所以，對戀愛有著憧憬，冀求的是狂熱的戀愛。

理想的情人出現的時候，會拚命的、盲目的追求他。

不過，這種人不會只滿足於一個愛人的，所以，為了追求理想的愛人，他會一再地談戀愛。因此，在男女間交往方面，常常不能持久，有家庭的人，就會因而破壞了家庭。

## ⑷把「の」寫的左下方比較大的人

寫出這種字的人，在性格上屬於消極、內向的類型。在他人面前，比較不擅於表達，一碰到困難，就會獨自一人煩惱著。

又，一個平日積極活潑的人，當其心情不佳，或陷於情緒低潮時，往往也會寫出這樣的字。

在工作、讀書、遊樂方面常會因為出錯，而導致心情沈悶，什麼事也不想做。

周遭的人看你如此這般，自不願與你接近，所以，易陷入孤立。

這種人在戀愛方面，常會遭到不順利的情形，因與愛人的意思難以溝通，所以，易顯得焦躁。於是，彼此容易產生誤解，甚而吵架，竟而演出分手的局面。

如果你所寫的「の」字，常是如此這般的話，你就得努力改變消極、頹唐的性格了。

### (5)把「の」字的結束筆畫拖得很長的人

寫出這種彎怪異的「の」字的人，很有個性，具有一種開朗的魅力。

這種人交友廣闊，以與人交往為樂。

不過，這種人自我表現慾望很強，常喜歡我行我素，所以，有時候彎討人嫌的。若懂得稍加收斂，多為別人想，一定會受大家歡迎。

此種人很講究穿著，喜歡把自己打扮的光鮮亮麗，適合從事模特兒、設計師、藝術家等職業。

在戀愛方面也是弄得大張旗鼓，非常引人矚目。情人也是不以一個為滿足，常會和好幾個異性交往。且，最後都是以快樂的結局收場。

## 問題

### 跟你一模一樣的風景？

請看左圖。

有對夫妻去郊遊，他們來到一個地方，四周盡是花草樹木，還有兔子和狐狸出沒其中，看了此風景的夫妻便有如下的對話。

妻子說：「跟你好像喔！」請問，究竟是什麼東西跟丈夫很像呢？

這不是個謎語，請憑直覺回答。

跟你好像喔！
是嗎？

# 〔答案〕從一個曖昧的圖形，你會聯想到什麼？

如上圖所示，只要仔細看看山的稜線，就可看出它像個正在抽煙的男性側面。

順便一提，據說觀音山的稜線，看起來很像觀音的側面。

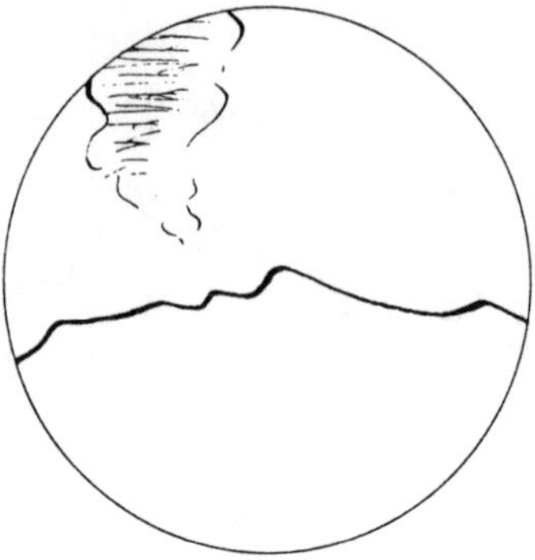

〈診斷〉

你是如何憑直覺去想像「跟你很像」的東西？下面有五個答案，根據你所聯想到東西，我們可診斷出你的性格。

**①注意到山的稜線「跟你很像」的人**

如果你是女性，你是個總是以尊敬的眼光去看男性的人。個性謙虛而柔順，很易博得他人的喜愛。

如果你是男性，你對自己充滿信心，是個有堅強意志與積極行動力的人。你是個很受衆人信賴，具有領導性格的人。

**②認為跟狐狸很像的人**

不管你是男性或女性，都是個很易親近的人，但，卻有點懦弱的毛病。因此，人家要求你做什麼事情時，你都難以拒絕，且會盡心盡力的去做到，簡直就是個爛好人。

**③認為跟兔子很像的人**

如果你是女性，你的母性本能很強烈，是個性情很溫和的女性。

如果你是男性，一看就知，是個很懦弱的人。

**④把雜草叢生認為「跟你很像」的人**

不管你是男性或女性，都是個性很堅強的人，遇有困難，不會沮喪頹唐。不過，有時候，個性卻顯得頑固不瞑。

**⑤認為跟老鼠很像的人**

不管你是男性或女性，都是個行動時會注意細節的人。不過，有時太過之而顯得嚕嗦。

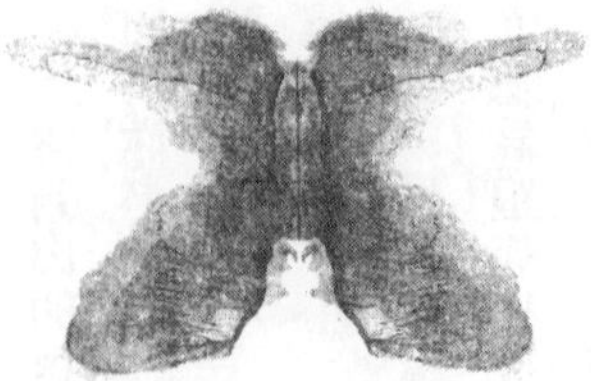

此幅山的圖形，常被用於心理學上的測驗，乃是一種「欺騙畫」。

人在看此種曖昧不清的圖形時，都會根據它做出種種的聯想。這個圖形愈是曖昧不清，聯想也就愈豐富，愈富於變化。

著名的羅夏哈測驗，就是根據此來診斷人的性格。

他用墨水滲透在紙上的圖形，然後讓受測者看此圖形，再根據其回答來診斷其性格。這兒所舉出的圖形，可能大家都會見過。

由於人具有不同的心理狀態和經驗，所以當人看此墨汁污染的圖形時，就會有各種各樣的不同感覺。而，根據自己的經驗和內心願望，就會把此曖昧不清的圖形，看成各種不同的東西。

你覺得這個墨汁污染圖形，看起來像什麼呢？

也許有人認為，它看起來像蝴蝶，也許有人把它聯想到性方面去。有很多海岸、或是河流，或是海岬的岩石，看起來就很像人或動物的姿態，且成為此地方的名勝，這也是此種心理的應用之一。

在羅夏哈的墨汁污染圖形的測驗中，受測者看了之後，愈是聯想到與人有關的東西的人，智能就愈高，創造性也愈豐富。

## 問題　只能看它一眼

這其實是個非常簡單的測驗。
請看一眼左圖，接著回答下一頁的問題。
記住，不能盯著它看，只能看一眼！

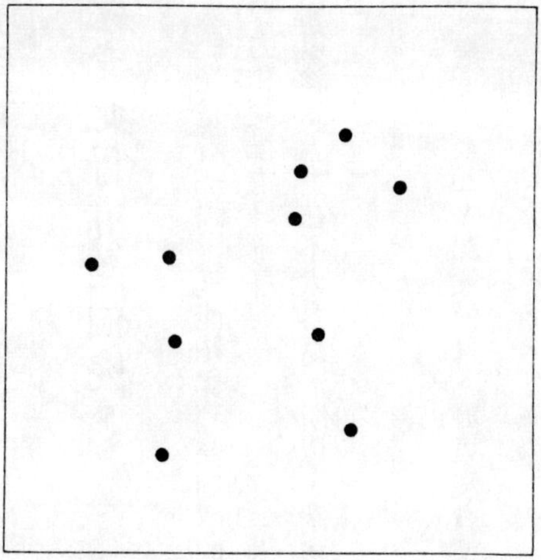

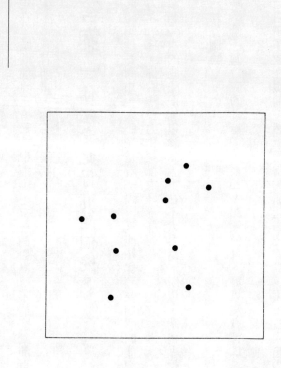

現在，請問前頁正方形的框框中，有幾個墨點？不能翻到前頁偷看，必須馬上回答。回答後，再看看前頁，你答對了嗎？

## 〔答案〕你究竟記得有幾個呢？

此問題是要測知，人「光是看一眼，就能知覺到幾個」的能力。這是測驗注意力和記憶能力之一種。你的注意力和記憶力好不好呢？

單憑一次的測驗便加以診斷，實在不太容易，所以，請再做做下一個測驗。

**〈知覺測驗〉**

請準備一個白底的淺箱子，及20～30顆彈珠。如果沒有彈珠，火柴棒或一元硬幣也可以。

把白箱子放在眼前，然後適當的抓起一把彈珠，馬上投入箱內。現在，你要在瞬間答出，你投入箱裡的彈珠有幾顆？然後再實際算一算，檢查你的答案正確與否。

在這種情況之下，投入箱中的彈珠愈多，你猜中的機率就愈低。請查查你猜中實際投入數的比率，而猜中率愈高的人，注意力和記憶力就愈佳，相反的，猜中率愈低的人，注意力和記憶力就愈差。

猜中率低的人，多屬於易疏忽交通標誌的人。因此，必須多集中於注意力才行。

〈解說〉

這是一個測知人的記憶力究竟可記到何種程度的測驗，據說，當人必須在瞬間記得某些東西的時候，大致上可記得7個而已。

例如：電話號碼的數字就是個很好的例子，其之所以大部分的數字是七個的原因，就在此了。

比起模模糊糊的記住數字和分數，用聯想到某種具體形狀的東西來記住的方法，更能發揮人的記憶能力。

就以這兒所舉的問題來說吧，與其記住有幾個黑點，還不如以某個形狀來記，更易記得哩。

例如：要一個個地記住天體上的星星，實是件難事，但是，若把星星連結起來成一星座，然後賦與小熊座或天后座等名稱，就容易記的多。

若攏統的記東西的話，人的記憶力是有限度的。

例如：以這兒所舉的問題來說，把這些黑點連結起來，然後把它聯想成馬的形狀，就較易記得了。好比說，要記數字1或2時，就如圖所示般，把1聯想成蠟燭，把2聯想成鵝，就比較容易記住了。

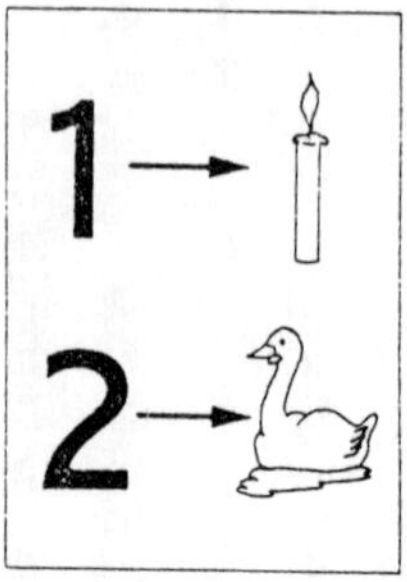


諸如此般的，要記住曖昧不清的東西、零散的東西，數字或單純的東西時，若將之與某種具體的形狀做一連結的話，就容易記得了。

## <有用的研究>

### ●引人注意的神奇數字

前面曾說到，人的知覺大致上是以七個為限度，而，沒有一個數字比「7」更為神奇了。環視我們的日常生活，就可知與「7」的關係有多密切了，例如，電話號碼有7個數字，一週有七天，彩虹有七色，福神有七個，工具有七樣，幸運號碼7……等等。也許，在人的心理上，對「7」這個數字，有著某種特殊作用哩。心理學家喬治米勒就稱「7」為神奇數字，並對「7」進行研究。

前面介紹將彈珠投入白箱子裡的測驗，其實，早在一八七一年，英國人威廉・傑班斯，就利用豆子來實驗此種猜數的測驗了。由他的實驗得知，一直到投入箱中的豆數為6個止，人都可以正確的說出，但超過7個以上，錯誤就隨之增加。此測驗也是與神奇數字「7」有關。

## 問題

## 藏私房錢的地方

如果你要把你非常非常寶貴的私房錢，藏在這間房間裡的話，你會把它藏在哪呢？

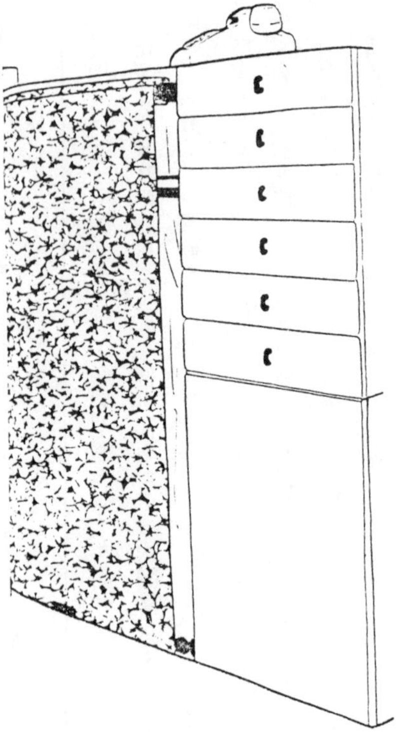

# 〔答案〕藏寶貴物品時的心理

要找個不會讓人發現的地方藏東西，實在是件頗傷腦筋的事。如果你找個很明顯的地方來藏，那麼，很快地就會被找出來。如果你藏在一個讓人意想不到的地方，很可能你也會忘了藏在哪了。

藏東西，做此行為時，當然得做到掩人耳目，也就是說，這是一個得「看穿人心理內層」的行為。

美國人比特·賈斯邁，在其所著的『STASH　BOOK』中，收集了許多古今中外的資料，介紹了各式各樣偷藏實物的方法。例如：有把錢藏在廚房烤麵包機內的方法，藏在很多空的錢包中的一個的方法，或掀開部分的地板，把錢藏在裡面的方法，或藏在門的把手裡，或藏在牆壁的插座洞內……等，都是很具獨特性的「藏東西地方」。

這本書可視為「瞭解人心理深處」的心理學參考書，內容頗富饒趣，其中，也提到考處理想的藏東西地點時，應注意的事項。

「你最初想到的地點，任何人也都想得到。所以，你不要把東西藏在最先想到的地點，再仔細的想另一個地點，才是最好的方法。」

現在，請問你已決定的藏東西地點，是你在腦中，所想到的第幾個地點呢？

〈診斷〉

**●以最初所想到的地點為答案的人**

假如說，你對自己最先想到的地點很滿意，且很自信地認為：「這是我所能想到的最好的地點」的話，坦白說，你的創意力程度，實在不高。

你若想獲得「優秀的創意」，那麼，就有必要冷靜且

慎重的檢討：「有沒有更好的構想呢？如果我再仔細想想，或許能得到這個構想更好的另一個法子。」

**●把兩個以上的念頭加以比較檢討才回答的人**

此種人可說已具備了創意力的根本。

接下來，從你具體的「藏在哪」的觀點來診斷看看。此一診斷的關鍵，在於你所藏的地方，是比你的眼睛高度（站著狀態）較高的位置？較低的位置？或者，正好是眼睛高度的位置。

**●地毯下，桌子最下面一格的抽屜等，藏在相當低的位置的人**

屬於挖空心思型。此種人需要孜孜努力、堅忍不拔，最終才會完成大事……也就是所謂的「大器晚成」類型。

**●藏在額頭以上的牆壁，或桌子的最上面一個抽屜的底層，總之，是藏在距離地面約兩公尺高度（眼睛高度左右）的任何地方的人**

屬於構想稍微偏限於固定型式的類型。例如：到超級市場等地方，這種人所買的，大都是放在眼睛高度左右的位置上的商品。

**●把東西藏在照明器具的上方，天花板等高處地方的人**

此為有自由創意的人，但，常常由於創意過於奇特，而不易被周遭之人理解。如果能獲得他人理解，必能獲得大成功，只可惜……。所以，此種人也多是庸庸碌碌之人。在這，順便提個題外話，如果你的家人有查看天花板上有否老鼠的習慣，那這裡就不是個適合藏東西的地方了。

艾倫波的短篇推理小說中，有一篇是『被偷的一封信』，內容是說：在警察徹底的搜過整個室內後，名偵探卻找出這封極為重要的證據信。這封信，的確是被藏在出人意料之外的地方。它究竟被藏在哪個地方呢？依照推理小說的規則，我不便在此寫出答案。還沒讀過這篇小說的讀者，不妨找來看看，再仔細推敲一番……。

## 根據對顏色的喜愛來判斷性格

依顏色之喜好來做性格判斷之研究，始於德國心理學家魯米艾爾，此為馳名世界的研究。近來，利用色彩改變心理狀態，進而治療疾病的研究，也都有了進展。以你所喜好的顏色為線索，可得知你現在的身心狀況和性格。另外，據說，運用某種特定的顏色，或著改變你對顏色的喜好，便可改變你的情緒和性格。

你喜歡的是哪個顏色呢?請在**紅**、**黃**、**藍**、**綠**、**紫**、**黑**、**白**七色之中，選出你最喜歡的顏色。根據此顏色，讓我們來診斷你的心理狀態和性格。

**〈診斷〉**

**①喜歡「紅色」的人＝活潑、且充滿鬥志**

紅色是表現精力和活動力的顏色，紅色的食物和紅色的飲料，有讓人恢復元氣的作用。

比起用一般的杯子，用紅色杯子喝水，喝飲料，更能感到好喝，且，心情也會變得開朗起來。

喜歡紅色的人，是個非常積極且有鬥志的人。意志堅強、不服輸，總是依自己的想法訂定計畫、下決斷。一旦事與願違時，就會充滿鬥志抗爭到底。

**②喜歡「黃色」的人＝屬於智慧型的理論家**

喜歡金黃或銀黃的人，是個會以理論性來思考事物的人，適合從事機械性的工作，不過，胃腸和神經系統較弱。喜歡黃色的人，是個智慧型的理論家。很優秀也很有能力，且不會炫耀自己的才能。

當然，此種人的自尊心很高，對自己的智慧和能力很有自信，因此，期望獲得他人賞識的心情也很強。

此種人外表上看起來像是很溫順的人，其實內心裡卻是個好強的人。

除非遭遇很大的困難，否則都是很鎮定、冷靜的。

**③喜歡「藍色」的人＝有豐富的感受性，且很羅曼蒂克**

藍色是海和天空的顏色，是給人和紅色正好相反印象的色彩。象徵著冷靜和羅曼蒂克。

看到藍色，可使人的心安定下來，且可使人的幻想力昇高。

喜歡藍色的人，個性溫柔敦厚，有豐富的感受性，是個優雅的人。此種人既敏感又易受傷害，對他人的感覺經常是很敏感的。

由於無法忍受孤獨，所以常常追求愛情對象，盼望能享受到溫柔的愛。比起愛人，是個寧願被愛的人。因為待人誠懇，頗受周遭之人喜愛。

**④喜歡「綠色」的人＝謹慎、理性的人**

綠色是「紅」與「藍」的中間色彩，喜歡此顏色的人，性格和給人的印象，也是在這兩種顏色的中間。即這種人具有兩個不同的面，一是行動積極，一是靜靜的思考。

喜歡綠色的人，兼有優雅與智慧，也是個好靜的人。謹慎、自持，永遠都知道自己應有的分際。

此種人很理性，不管事態多混亂，都不會偏頗一方，堅守自己的立場，冷靜的處理事物。

這種人絕不會感情衝動，任由情緒左右自己，所以，

備受多數人的信賴。在任何情況下，此種人都會心平氣和的去面對。

**⑤喜歡「紫色」的人＝具有美感，性格極個性化**

這是個個性化的顏色，藝術家和文學家易選擇此顏色。設計家或美感敏銳的人，尤其會喜歡此顏色。此種人不喜歡平凡事物，較愛獨特的構想。當人的身體狀況不佳時，或很疲倦時，也易喜歡此顏色。

**⑥喜歡「黑色」的人＝神秘且自尊心高**

喜歡黑色的人，是個擁有不可思議的魅力之人。這種人的周遭總是散發著一股神秘氣氛，或孤獨的氣氛，給人不易接近的印象。

這種人全身散發著優雅的氣質，且，有極高的自尊心，不願讓人得知其內心真相。

⑦喜歡「白色」的人＝有強烈責任感的誠實家

白色是象徵純潔的顏色。也是表現神聖和理想的顏色。喜歡白色的人，會很明確的表達自己的感情。這種人不會受華麗的外表迷惑，其在意的是潛藏於人心中的精神。

這種人不喜歡受人矚目，也不喜歡很搶眼的東西。在其內心，潛藏著很多優點。

這種人是腳踏實地、孜孜不倦努力的人，誠實又有強烈的責任感。因此，很受人信賴，他人總喜歡把事情相托於他，或與他商量。

## 〈動動腦　問題4〉向立體迷宮的字挑戰

請從左邊的立體迷宮之入口朝出口前進。如果你很順利的走完，接著，把你經過的房間裡所寫的字母連接起來。你得到的是什麼字呢？這是可檢測你的推理力、判斷力、直覺力的迷宮。（答案在二一六頁）

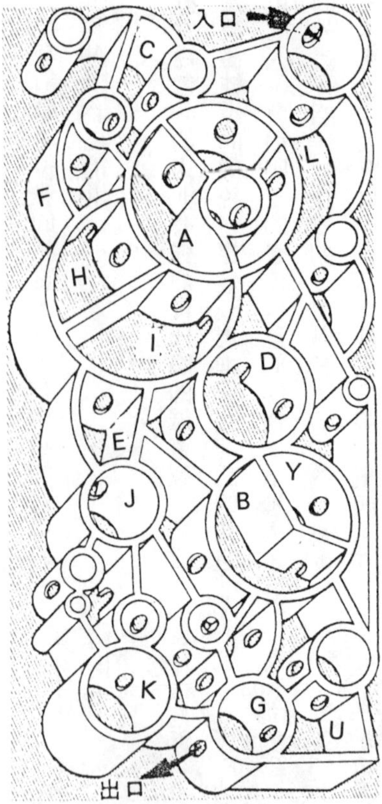

## 問題　你的指甲屬於什麼型？

這裡陳列了幾個指甲的形狀。你左手小指的根部部分，是屬於下圖三個類型中的哪一型呢？

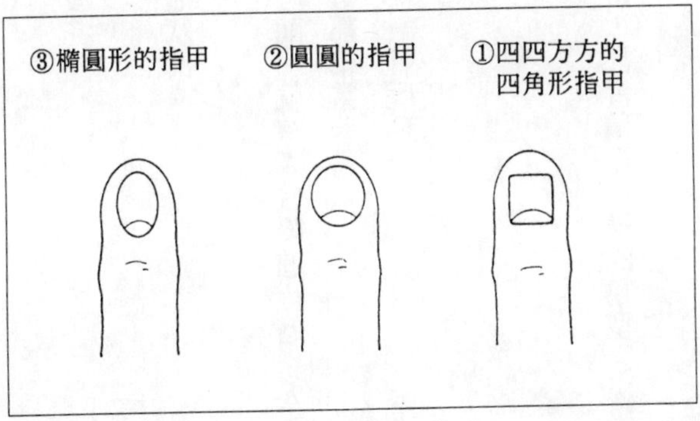

## 〔答案〕指甲可把你的性格告訴我們

從前的人都說，人的手指甲，可以說明此人的性格和身體狀況。

特別是，小指指甲的根部。

有關指甲的心理學研究，及疾病診斷的研究，在相當早之前，就有人曾經進行過。人類學者馬根的研究，與費城大學的塞奧德•貝里博士的研究，都相當著名。

現在，請看看你的指甲形狀，在三個類型中，你是屬於哪一種呢？

**〈診斷〉**

**①的四四方方四角形的人**

有此種形狀指甲的人，男性比女性多。屬於不管做任何事，都會積極行動的類型。

性格倔強，遭遇困難會努力地予以克服。

有此種指甲的女性，稍有點男性化，有著不服輸的個性。

**②的圓圓指甲的人**

此種指甲的形狀，不論男性、女性，都是比較常見的。性格溫和，有順應力，與任何人都合得來。

因此，很受周遭人喜愛，人緣很好。

不過，這種人的意志稍嫌薄弱，有時候，會上他人的當，所以，常會碰到不如意的事。

**③的橢圓形指甲的人**

此種指甲的人，個性很優雅，具有神經質的性格。不管對工作或待人方面，往往是任性使氣，顯得很焦躁。因此，多為瘦長型的人。

有著極佳的美感，是個重視夢想和羅曼蒂克的幻想家。

## 指甲所顯示的身體健康

指甲除了可顯示性格外，也可以顯示種種的疾病和身體狀況。指甲需經六個月才能長成。在生病後，指甲會出現表示其特殊的橫紋。

前面提到的費城大學塞奧德・貝里博士，曾做過有關指甲紋路的研究。

在此，我將介紹呈現在指甲上之最常見的身體暗示。

### ①半月紋

出現在指甲根部部分的弓狀白色形狀，會隨著身體狀況的變化而出現或消失。

如果五根手指都出現此半月紋，就表示此人非常健康。

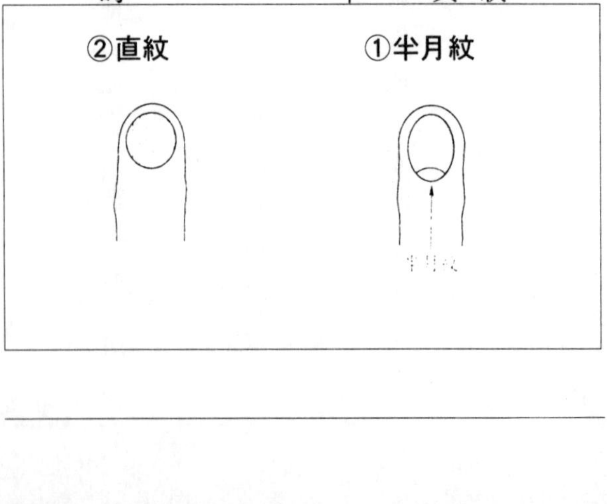

半月紋是又大又清楚且呈半圓形的人，表示處於精力充沛的狀態中。

也有天生沒有半月紋的人，一般人則是在生病前後，半月紋會消失。

**②直紋**

指甲出現幾根直線的人，表示此人出現了老化現象。此直紋如果又深又明顯的話，乃糖尿病的前兆，必須注意。

**③橫紋**

指甲也會出現像溝狀的橫紋。不過，此在手術後或受傷後才會出現。

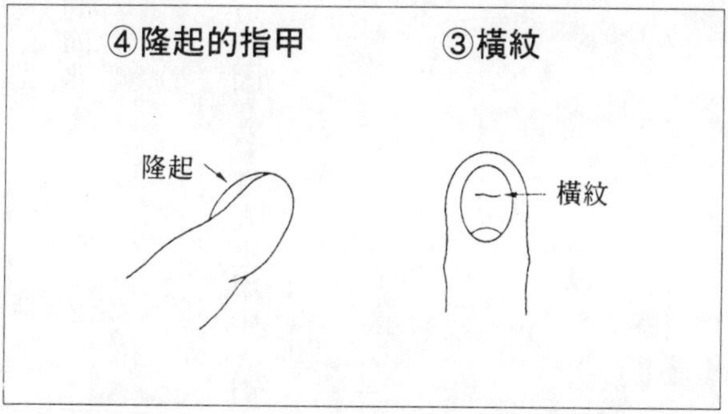

**④隆起的指甲**

所有的指甲像湯匙般隆起的人，據說是肺結核或有寄生蟲的前兆。

**⑤白色斑點**

指甲出現白色斑點，據說，是好事將近的徵兆。實際上，這乃因空氣進入指甲中，引起某種作用而致的。

## ＜動動腦　問題1的解答＞Ⓒ的道路

一眼就答出正確答案的人，頭腦非常靈光。其實，只要仔細看看此迷宮，答出正確答案並不難。正確答案是Ⓒ的道路。

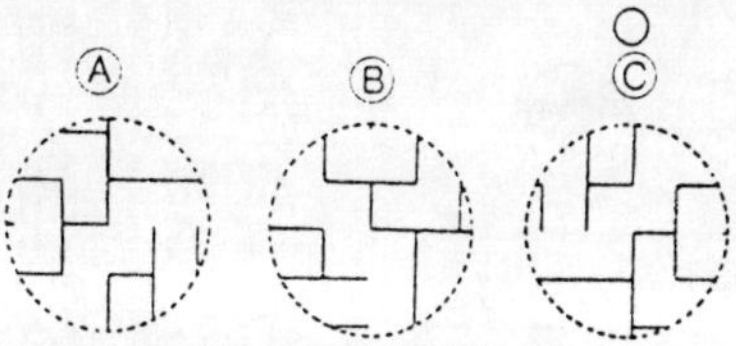


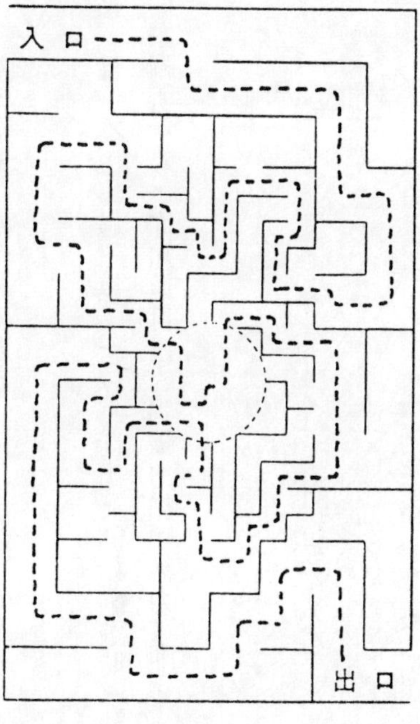

## ＜動動腦　問題2的解答＞

由於前進時必須飛躍踏石上的蟲，且，不可超過三隻，所以，從出發開始前進時，依循著此法則就很容易完成了。走法如左圖所示般。你知道自己的判斷力和順應力了吧。

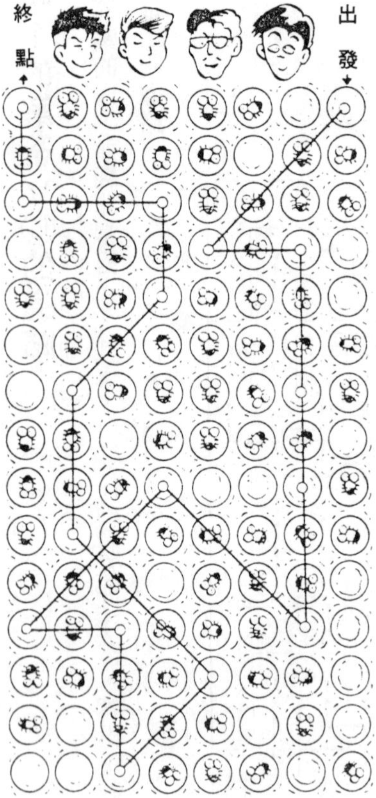

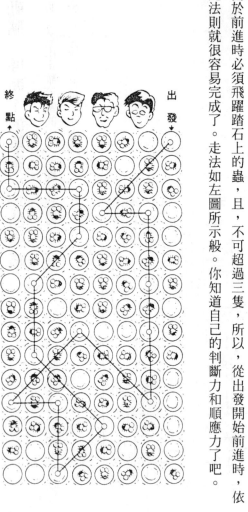

## ＜動動腦　問題3的解答＞

只要把背面像如此般的塗黑，就很易明白了。背面是ㄅ和ㄆ，正面是ㄇ和ㄈ。你的知覺能力如何？

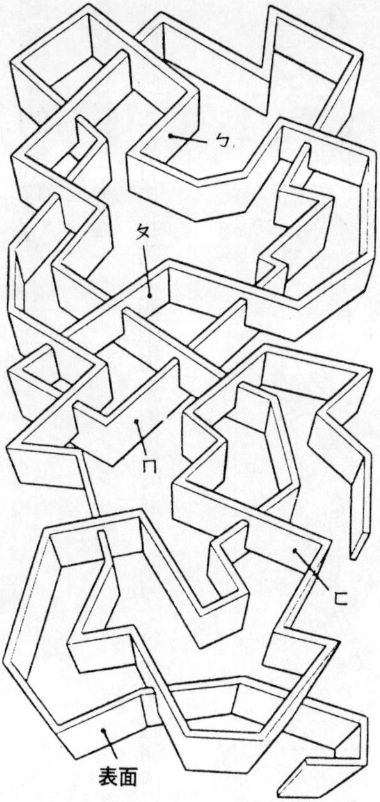

## 〈動動腦　問題4的解答〉

答案是：LADYBUG（瓢蟲）。

這是要讓你從籠統的、沒有形狀的東西中，測出你的推理能力。只要稍微運用你的推理力，就可明白了。

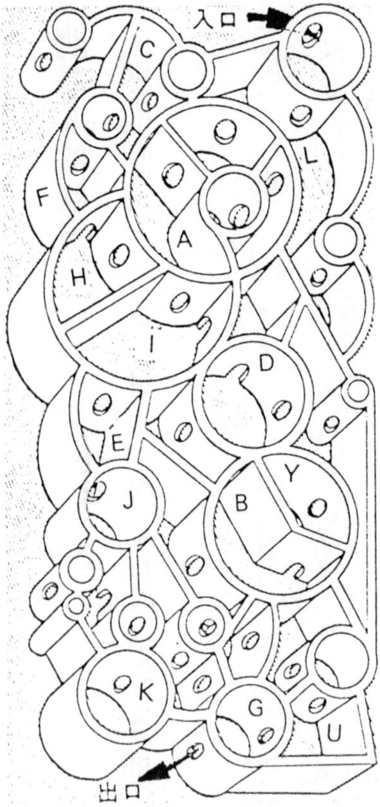

| 大展出版社有限公司 | 圖書目錄 |
| --- | --- |

地址：台北市北投區11204　　電話：(02) 8236031
致遠一路二段12巷1號　　8236033
郵撥： 0166955～1　　傳眞：(02) 8272069


## ・法律專欄連載・電腦編號58

台大法學院　法律學系／策劃
法律服務社／編著

| | |
| --- | --- |
| ①別讓您的權利睡著了[1] | 180元 |
| ②別讓您的權利睡著了[2] | 180元 |

## ・趣味心理講座・電腦編號15

| | | | |
| --- | --- | --- | --- |
| ①性格測驗1 | 探索男與女 | 淺野八郎著 | 140元 |
| ②性格測驗2 | 透視人心奧秘 | 淺野八郎著 | 140元 |
| ③性格測驗3 | 發現陌生的自己 | 淺野八郎著 | 140元 |
| ④性格測驗4 | 發現你的真面目 | 淺野八郎著 | 140元 |
| ⑤性格測驗5 | 讓你們吃驚 | 淺野八郎著 | 140元 |
| ⑥性格測驗6 | 洞穿心理盲點 | 淺野八郎著 | 140元 |
| ⑦性格測驗7 | 探索對方心理 | 淺野八郎著 | 140元 |
| ⑧性格測驗8 | 由吃認識自己 | 淺野八郎著 | 140元 |
| ⑨性格測驗9 | 戀愛知多少 | 淺野八郎著 | 140元 |

## ・婦 幼 天 地・電腦編號16

| | | |
| --- | --- | --- |
| ①八萬人減肥成果 | 黃靜香譯 | 150元 |
| ②三分鐘減肥體操 | 楊鴻儒譯 | 130元 |
| ③窈窕淑女美髮秘訣 | 柯素娥譯 | 130元 |
| ④使妳更迷人 | 成　玉譯 | 130元 |
| ⑤女性的更年期 | 官舒妍編譯 | 130元 |
| ⑥胎內育兒法 | 李玉瓊編譯 | 120元 |
| ⑦愛與學習 | 蕭京凌編譯 | 120元 |
| ⑧初次懷孕與生產 | 婦幼天地編譯組 | 180元 |
| ⑨初次育兒12個月 | 婦幼天地編譯組 | 180元 |
| ⑩斷乳食與幼兒食 | 婦幼天地編譯組 | 180元 |
| ⑪培養幼兒能力與性向 | 婦幼天地編譯組 | 180元 |
| ⑫培養幼兒創造力的玩具與遊戲 | 婦幼天地編譯組 | 180元 |

| | | |
|---|---|---|
| ⑬幼兒的症狀與疾病 | 婦幼天地編譯組 | 180元 |
| ⑭腿部苗條健美法 | 婦幼天地編譯組 | 150元 |
| ⑮女性腰痛別忽視 | 婦幼天地編譯組 | 130元 |
| ⑯舒展身心體操術 | 李玉瓊編譯 | 130元 |
| ⑰三分鐘臉部體操 | 趙薇妮著 | 120元 |
| ⑱生動的笑容表情術 | 趙薇妮著 | 120元 |
| ⑲心曠神怡減肥法 | 川津祐介著 | 130元 |
| ⑳內衣使妳更美麗 | 陳玄茹譯 | 130元 |
| ㉑瑜伽美姿美容 | 黃靜香編著 | 150元 |

## ・青 春 天 地・電腦編號17

| | | |
|---|---|---|
| ①A血型與星座 | 柯素娥編譯 | 120元 |
| ②B血型與星座 | 柯素娥編譯 | 120元 |
| ③O血型與星座 | 柯素娥編譯 | 120元 |
| ④AB血型與星座 | 柯素娥編譯 | 120元 |
| ⑤青春期性教室 | 呂貴嵐編譯 | 130元 |
| ⑥事半功倍讀書法 | 王毅希編譯 | 130元 |
| ⑦難解數學破題 | 宋釗宜編譯 | 130元 |
| ⑧速算解題技巧 | 宋釗宜編譯 | 130元 |
| ⑨小論文寫作秘訣 | 林顯茂編譯 | 120元 |
| ⑩視力恢復！超速讀術 | 江錦雲譯 | 130元 |
| ⑪中學生野外遊戲 | 熊谷康編著 | 120元 |
| ⑫恐怖極短篇 | 柯素娥編譯 | 130元 |
| ⑬恐怖夜話 | 小毛驢編譯 | 130元 |
| ⑭恐怖幽默短篇 | 小毛驢編譯 | 120元 |
| ⑮黑色幽默短篇 | 小毛驢編譯 | 120元 |
| ⑯靈異怪談 | 小毛驢編譯 | 130元 |
| ⑰錯覺遊戲 | 小毛驢編譯 | 130元 |
| ⑱整人遊戲 | 小毛驢編譯 | 120元 |
| ⑲有趣的超常識 | 柯素娥編譯 | 130元 |
| ⑳哦！原來如此 | 林慶旺編譯 | 130元 |
| ㉑趣味競賽100種 | 劉名揚編譯 | 120元 |
| ㉒數學謎題入門 | 宋釗宜編譯 | 150元 |
| ㉓數學謎題解析 | 宋釗宜編譯 | 150元 |
| ㉔透視男女心理 | 林慶旺編譯 | 120元 |
| ㉕少女情懷的自白 | 李桂蘭編譯 | 120元 |
| ㉖由兄弟姊妹看命運 | 李玉瓊編譯 | 130元 |
| ㉗趣味的科學魔術 | 林慶旺編譯 | 150元 |
| ㉘趣味的心理實驗室 | 李燕玲編譯 | 150元 |
| ㉙愛與性心理測驗 | 小毛驢編譯 | 130元 |

| | | |
|---|---|---|
| ㉚刑案推理解謎 | 小毛驢編譯 | 130元 |
| ㉛偵探常識推理 | 小毛驢編譯 | 130元 |
| ㉜偵探常識解謎 | 小毛驢編譯 | 130元 |
| ㉝偵探推理遊戲 | 小毛驢編譯 | 130元 |
| ㉞趣味的超魔術 | 廖玉山編著 | 150元 |
| ㉟ | | |

## •健康天地•電腦編號18

| | | |
|---|---|---|
| ①壓力的預防與治療 | 柯素娥編譯 | 130元 |
| ②超科學氣的魔力 | 柯素娥編譯 | 130元 |
| ③尿療法治病的神奇 | 中尾良一著 | 130元 |
| ④鐵證如山的尿療法奇蹟 | 廖玉山譯 | 120元 |
| ⑤一日斷食健康法 | 葉慈容編譯 | 120元 |
| ⑥胃部強健法 | 陳炳崑譯 | 120元 |
| ⑦癌症早期檢查法 | 廖松濤譯 | 130元 |
| ⑧老人痴呆症防止法 | 柯素娥編譯 | 130元 |
| ⑨松葉汁健康飲料 | 陳麗芬編譯 | 130元 |
| ⑩揉肚臍健康法 | 永井秋夫著 | 150元 |
| ⑪過勞死、猝死的預防 | 卓秀貞編譯 | 130元 |
| ⑫高血壓治療與飲食 | 藤山順豐著 | 150元 |
| ⑬老人看護指南 | 柯素娥編譯 | 150元 |
| ⑭美容外科淺談 | 楊啟宏著 | 150元 |
| ⑮美容外科新境界 | 楊啟宏著 | 150元 |

## •實用心理學講座•電腦編號21

| | | |
|---|---|---|
| ①拆穿欺騙伎倆 | 多湖輝著 | 140元 |
| ②創造好構想 | 多湖輝著 | 140元 |
| ③面對面心理術 | 多湖輝著 | 140元 |
| ④偽裝心理術 | 多湖輝著 | 140元 |
| ⑤透視人性弱點 | 多湖輝著 | 140元 |
| ⑥自我表現術 | 多湖輝著 | 150元 |
| ⑦不可思議的人性心理 | 多湖輝著 | 150元 |
| ⑧催眠術入門 | 多湖輝著 | 150元 |

## •超現實心理講座•電腦編號22

| | | |
|---|---|---|
| ①超意識覺醒法 | 詹蔚芬編譯 | 130元 |
| ②護摩秘法與人生 | 劉名揚編譯 | 130元 |
| ③秘法！超級仙術入門 | 陸　明譯 | 150元 |

④給地球人的訊息　柯素娥編著　150元
⑤密教的神通力　劉名揚編著　130元

## ・心靈雅集・電腦編號00

①禪言佛語看人生　松濤弘道著　150元
②禪密教的奧秘　葉逯謙譯　120元
③觀音大法力　田口日勝著　120元
④觀音法力的大功德　田口日勝著　120元
⑤達摩禪106智慧　劉華亭編譯　150元
⑥有趣的佛教研究　葉逯謙編譯　120元
⑦夢的開運法　蕭京凌譯　130元
⑧禪學智慧　柯素娥編譯　130元
⑨女性佛教入門　許俐萍譯　110元
⑩佛像小百科　心靈雅集編譯組　130元
⑪佛教小百科趣談　心靈雅集編譯組　120元
⑫佛教小百科漫談　心靈雅集編譯組　150元
⑬佛教知識小百科　心靈雅集編譯組　150元
⑭佛學名言智慧　松濤弘道著　180元
⑮釋迦名言智慧　松濤弘道著　180元
⑯活人禪　平田精耕著　120元
⑰坐禪入門　柯素娥編譯　120元
⑱現代禪悟　柯素娥編譯　130元
⑲道元禪師語錄　心靈雅集編譯組　130元
⑳佛學經典指南　心靈雅集編譯組　130元
㉑何謂「生」　阿含經　心靈雅集編譯組　130元
㉒一切皆空　般若心經　心靈雅集編譯組　130元
㉓超越迷惘　法句經　心靈雅集編譯組　130元
㉔開拓宇宙觀　華嚴經　心靈雅集編譯組　130元
㉕真實之道　法華經　心靈雅集編譯組　130元
㉖自由自在　涅槃經　心靈雅集編譯組　130元
㉗沈默的教示　維摩經　心靈雅集編譯組　130元
㉘開通心眼　佛語佛戒　心靈雅集編譯組　130元
㉙揭秘寶庫　密教經典　心靈雅集編譯組　130元
㉚坐禪與養生　廖松濤譯　110元
㉛釋尊十戒　柯素娥編譯　120元
㉜佛法與神通　劉欣如編著　120元
㉝悟（正法眼藏的世界）　柯素娥編譯　120元
㉞只管打坐　劉欣如編譯　120元
㉟喬答摩・佛陀傳　劉欣如編著　120元
㊱唐玄奘留學記　劉欣如編譯　120元

| | | |
|---|---|---|
| ㊲佛教的人生觀 | 劉欣如編譯 | 110元 |
| ㊳無門關（上卷） | 心靈雅集編譯組 | 150元 |
| ㊴無門關（下卷） | 心靈雅集編譯組 | 150元 |
| ㊵業的思想 | 劉欣如編著 | 130元 |
| ㊶佛法難學嗎 | 劉欣如著 | 140元 |
| ㊷佛法實用嗎 | 劉欣如著 | 140元 |
| ㊸佛法殊勝嗎 | 劉欣如著 | 140元 |
| ㊹因果報應法則 | 李常傳編 | 140元 |
| ㊺佛教醫學的奧秘 | 劉欣如編著 | 150元 |

## •經 營 管 理• 電腦編號01

| | | |
|---|---|---|
| ◎創新經營管理六十六大計（精） | 蔡弘文編 | 780元 |
| ①如何獲取生意情報 | 蘇燕謀譯 | 110元 |
| ②經濟常識問答 | 蘇燕謀譯 | 130元 |
| ③股票致富68秘訣 | 簡文祥譯 | 100元 |
| ④台灣商戰風雲錄 | 陳中雄著 | 120元 |
| ⑤推銷大王秘錄 | 原一平著 | 100元 |
| ⑥新創意・賺大錢 | 王家成譯 | 90元 |
| ⑦工廠管理新手法 | 琪　輝著 | 120元 |
| ⑧奇蹟推銷術 | 蘇燕謀譯 | 100元 |
| ⑨經營參謀 | 柯順隆譯 | 120元 |
| ⑩美國實業24小時 | 柯順隆譯 | 80元 |
| ⑪撼動人心的推銷法 | 原一平著 | 120元 |
| ⑫高竿經營法 | 蔡弘文編 | 120元 |
| ⑬如何掌握顧客 | 柯順隆譯 | 150元 |
| ⑭一等一賺錢策略 | 蔡弘文編 | 120元 |
| ⑮世界經濟戰爭 | 約翰・渥洛諾夫著 | 120元 |
| ⑯成功經營妙方 | 鐘文訓著 | 120元 |
| ⑰一流的管理 | 蔡弘文編 | 150元 |
| ⑱外國人看中韓經濟 | 劉華亭譯 | 150元 |
| ⑲企業不良幹部群相 | 琪輝編著 | 120元 |
| ⑳突破商場人際學 | 林振輝編著 | 90元 |
| ㉑無中生有術 | 琪輝編著 | 140元 |
| ㉒如何使女人打開錢包 | 林振輝編著 | 100元 |
| ㉓操縱上司術 | 邑井操著 | 90元 |
| ㉔小公司經營策略 | 王嘉誠著 | 100元 |
| ㉕成功的會議技巧 | 鐘文訓編譯 | 100元 |
| ㉖新時代老闆學 | 黃柏松編著 | 100元 |
| ㉗如何創造商場智囊團 | 林振輝編譯 | 150元 |
| ㉘十分鐘推銷術 | 林振輝編譯 | 120元 |

| | | |
|---|---|---|
| ㉙五分鐘育才 | 黃柏松編譯 | 100元 |
| ㉚成功商場戰術 | 陸明編譯 | 100元 |
| ㉛商場談話技巧 | 劉華亭編譯 | 120元 |
| ㉜企業帝王學 | 鐘文訓譯 | 90元 |
| ㉝自我經濟學 | 廖松濤編譯 | 100元 |
| ㉞一流的經營 | 陶田生編著 | 120元 |
| ㉟女性職員管理術 | 王昭國編譯 | 120元 |
| ㊱ＩＢＭ的人事管理 | 鐘文訓編譯 | 150元 |
| ㊲現代電腦常識 | 王昭國編譯 | 150元 |
| ㊳電腦管理的危機 | 鐘文訓編譯 | 120元 |
| ㊴如何發揮廣告效果 | 王昭國編譯 | 150元 |
| ㊵最新管理技巧 | 王昭國編譯 | 150元 |
| ㊶一流推銷術 | 廖松濤編譯 | 120元 |
| ㊷包裝與促銷技巧 | 王昭國編譯 | 130元 |
| ㊸企業王國指揮塔 | 松下幸之助著 | 120元 |
| ㊹企業精銳兵團 | 松下幸之助著 | 120元 |
| ㊺企業人事管理 | 松下幸之助著 | 100元 |
| ㊻華僑經商致富術 | 廖松濤編譯 | 130元 |
| ㊼豐田式銷售技巧 | 廖松濤編譯 | 120元 |
| ㊽如何掌握銷售技巧 | 王昭國編著 | 130元 |
| ㊾一分鐘推銷員 | 廖松濤譯 | 90元 |
| ㊿洞燭機先的經營 | 鐘文訓編譯 | 150元 |
| 51ＩＢＭ成功商法 | 巴克・羅傑斯著 | 130元 |
| 52新世紀的服務業 | 鐘文訓編譯 | 100元 |
| 53成功的領導者 | 廖松濤編譯 | 120元 |
| 54女推銷員成功術 | 李玉瓊編譯 | 130元 |
| 55ＩＢＭ人才培育術 | 鐘文訓編譯 | 100元 |
| 56企業人自我突破法 | 黃琪輝編著 | 150元 |
| 57超級經理人 | 羅拔・海勒著 | 100元 |
| 58財富開發術 | 蔡弘文編著 | 130元 |
| 59成功的店舖設計 | 鐘文訓編著 | 150元 |
| 60靈巧者成功術 | 鐘文訓編譯 | 150元 |
| 61企管回春法 | 蔡弘文編著 | 130元 |
| 62小企業經營指南 | 鐘文訓編譯 | 100元 |
| 63商場致勝名言 | 鐘文訓編譯 | 150元 |
| 64迎接商業新時代 | 廖松濤編譯 | 100元 |
| 65透視日本企業管理 | 廖松濤　譯 | 100元 |
| 66新手股票投資入門 | 何朝乾　編 | 180元 |
| 67上揚股與下跌股 | 何朝乾編譯 | 150元 |
| 68股票速成學 | 何朝乾編譯 | 180元 |
| 69理財與股票投資策略 | 黃俊豪編著 | 180元 |

| | | |
|---|---|---|
| ⑰黃金投資策略 | 黃俊豪編著 | 180元 |
| ⑱厚黑管理學 | 廖松濤編譯 | 180元 |
| ⑲股市致勝格言 | 呂梅莎編譯 | 180元 |
| ⑳透視西武集團 | 林谷燁編譯 | 150元 |
| ㉔推銷改變我的一生 | 柯素娥　譯 | 120元 |
| ㉕推銷始於被拒 | 盧媚璟　譯 | 120元 |
| ㉖巡迴行銷術 | 陳蒼杰譯 | 150元 |
| ㉗推銷的魔術 | 王嘉誠譯 | 120元 |
| ㉘60秒指導部屬 | 周蓮芬編譯 | 150元 |
| ㉙精銳女推銷員特訓 | 李玉瓊編譯 | 130元 |
| ㉚企劃、提案、報告圖表的技巧 | 鄭　汶　譯 | 180元 |
| ㉛海外不動產投資 | 許達守編譯 | 150元 |
| ㉜八百件的世界策略 | 李玉瓊譯 | 150元 |
| ㉝服務業品質管理 | 吳宜芬譯 | 180元 |
| ㉞零庫存銷售 | 黃東謙編譯 | 150元 |
| ㉟三分鐘推銷管理 | 劉名揚編譯 | 150元 |
| ㊱推銷大王奮鬥史 | 原一平著 | 150元 |
| ㊲豐田汽車的生產管理 | 林谷燁編譯 | 150元 |

## ・成功寶庫・ 電腦編號02

| | | |
|---|---|---|
| ①上班族交際術 | 江森滋著 | 100元 |
| ②拍馬屁訣竅 | 廖玉山編譯 | 110元 |
| ③一分鐘適應法 | 林曉陽譯 | 90元 |
| ④聽話的藝術 | 歐陽輝編譯 | 110元 |
| ⑥克服逆境的智慧 | 廖松濤　譯 | 100元 |
| ⑦不可思議的人性心理 | 多湖輝　著 | 120元 |
| ⑧成功的人生哲學 | 劉明和　譯 | 120元 |
| ⑨求職轉業成功術 | 陳　義編著 | 110元 |
| ⑩上班族禮儀 | 廖玉山編著 | 120元 |
| ⑪接近心理學 | 李玉瓊編著 | 100元 |
| ⑫創造自信的新人生 | 廖松濤編著 | 120元 |
| ⑬卡耐基的人生指南 | 林曉鐘編譯 | 120元 |
| ⑭上班族如何出人頭地 | 廖松濤編著 | 100元 |
| ⑮神奇瞬間瞑想法 | 廖松濤編譯 | 100元 |
| ⑯人生成功之鑰 | 楊意苓編著 | 150元 |
| ⑱潛在心理術 | 多湖輝　著 | 100元 |
| ⑲給企業人的諍言 | 鐘文訓編著 | 120元 |
| ⑳企業家自律訓練法 | 陳　義編譯 | 100元 |
| ㉑上班族妖怪學 | 廖松濤編著 | 100元 |
| ㉒猶太人縱橫世界的奇蹟 | 孟佑政編著 | 110元 |

國立中央圖書館出版品預行編目資料

性格測驗　5　讓你們吃驚／淺野八郎著
；李鈴秀譯　--初版　--臺北市：大展，民83
面；　公分　--（趣味心理講座；5）
譯自：性格ゲーム　第5集　二人のあなたにハッ！とする本
ISBN 957-557-431-1（平裝）

1. 心理測驗

179　83001148

本書原名：性格ゲーム・第５集
二人のあなたにハッ！とする本
原発行所：KKベストセラーズ


性格測驗⑤　**讓你們吃驚**　ISBN 957-557-431-1

原著者／淺野八郎
編譯者／李鈴秀
發行人／蔡森明
出版者／大展出版社有限公司
社址／台北市北投區（石牌）致遠一路二段12巷1號
電話／（02）8236031・8236033
傳眞／（02）8272069
郵政劃撥／0166955－1
登記證／局版臺業字第2171號
法律顧問／劉鈞男律師
承印者／國順圖書印刷公司
裝訂／嶸興裝訂有限公司
排版者／千賓電腦打字有限公司
電話／（02）8836052
初版／1994年（民83年）3月
定價／140元

大展好書 好書大展